Antonio Gaspari

Un cyclone nommé François
Le pape venu du bout du monde

All rights reserved
ZENIT Books © 2014 Innovative Media Inc.
http://www.zenit.org

ISBN-13: 978-0-692-02369-3
ISBN-10: 0-692-02369-0

Introduction

Un pape allemand, ancien préfet de la Congrégation qui se nommait autrefois le Saint-Office, découvre que son majordome le trahit. La personne qui jouit de sa plus grande confiance dérobe et photocopie des documents privés, et les transmet à d'autres qui les publient dans l'intention de provoquer un scandale. Le pape, qui avait été élu pour renouveler l'Église et y mettre de l'ordre, semble devenu lui-même victime des péchés du Palais.

L'institution bimillénaire, qui a survécu à tout au cours des siècles, semble accuser le coup. De hauts prélats sont accusés de pédophilie. Dans la vieille Europe, les vocations se raréfient. Les églises y sont plus nombreuses que les prêtres. Les épiscopats des pays riches font venir des prêtres de pays en voie de développement, transforment leurs églises en musées ou, quand ils ne le font pas, vendent chapelles et séminaires. Le monde est ébranlé par la crise financière et par la corruption. Les berceaux sont vides et, dans les parlements, on discute de mariage et d'adoption pour les couples homosexuels. La sécularisation progresse : les croyants commencent à être mal tolérés et discriminés.

C'est dans ce contexte que l'impensable se produit :

le vieux pape envisage de renoncer à sa charge et annonce à l'improviste, le matin du 11 février, sa démission. L'Église et le monde plongent dans l'effroi. Si même le pape démissionne, c'est la fin du monde ! Les cardinaux arrivent à Rome pour un des conclaves les plus compliqués de l'histoire. Le « totopapa » [1] s'emballe, les pouvoirs forts cherchant à influencer l'élection et à intercepter le bon candidat. La technique des médias est toujours la même : scandales, doutes, peurs, accusations, mensonges, menaces. Le peuple des croyants se recueille et prie. L'Église fait preuve de transparence et, sans cacher les informations, défend le droit à élire le pape selon des critères de respect de la vie privée et de prudence.

Le 13 mars, un mois après la renonciation de Benoît XVI, après tout juste deux jours de conclave, Jorge Mario Bergoglio se présente au balcon de la basilique Saint-Pierre : argentin, fils d'immigrés italiens, premier pape d'Amérique latine, premier pape jésuite, il est aussi le premier pape à choisir le nom de François. Il est humble, simple, spirituel. Il parle peu mais ses paroles et ses gestes touchent les cœurs. Il vit dans une chambre d'hôtel et célèbre la messe avec des employés du

---

[1] Allusion au « totocalcio », jeu de pari très populaire en Italie, consistant à faire des pronostics sur les résultats de matchs de football (« calcio »). Le « totopapa » est ce qui se passe pendant le conclave, lorsque tout le monde cherche à deviner qui sera le nouveau pape.

Vatican, des jardiniers et des fonctionnaires. Il prend le petit-déjeuner, le déjeuner et le dîner à table avec ceux qui sont là. Vêtu d'une simple soutane blanche, il utilise le pastoral de Jean-Paul II et de Paul VI. Sa croix et son Anneau du pêcheur sont en argent. On dirait que ses grosses chaussures noires sont orthopédiques. Il voyage dans la voiture de la gendarmerie. Toujours le premier à saluer, il va au-devant des gens, offre et demande des prières. Il caresse et console les personnes handicapées ou souffrantes. Le Jeudi saint, il est allé laver et embrasser les pieds de jeunes détenus. Il va chercher les gens. Il est joyeux, affable et courageux. Aux puissants de ce monde, il explique que « le plus grand pouvoir réside dans le service » ; aux cardinaux, il précise que le pire des maux qui puisse arriver à l'Église est la mondanité spirituelle, l'autoréférentialité et le narcissisme théologique. Aux prêtres, il dit que le bon pasteur a « l'odeur de ses brebis ». Il se présente aux patriarches des autres confessions chrétiennes comme le « serviteur des serviteurs », l'évêque de Rome avec le primat de la charité. Il aime la musique, la littérature, l'art et même le football.

Son élection comme pape a été comparée à un cyclone. En cinquante jours, le nouveau pape a battu tous les records de popularité. On court, on vient de partout pour l'écouter. À l'audience du mercredi et à la prière du Regina Coeli, la Place Saint-Pierre se remplit de monde jusque dans la rue de la Conciliation, la rue de Porta Angelica et la Place du Risorgimento. Les églises catholiques se remplissent. Baptêmes, confessions et conversions sont en augmentation partout dans le monde. Tous, surtout les tièdes et ceux qui sont loin, sont attirés par ce pape qui vient « du bout du monde ». Personne n'aurait pu imaginer une telle situation. Et pourtant, c'est ce qui se passe. Le pape François est en train d'écrire l'histoire.

Le livre que vous allez lire tente de raconter et d'expliquer ce qui s'est passé au printemps 2013, de la renonciation de Benoît XVI aux cinquante premiers jours de pontificat du pape François.

Bonne lecture !

1

Un jésuite nommé François

C'était le 13 mars et je me trouvais dans la salle de presse du Vatican, avec Alberto Ramirez, le directeur exécutif de ZENIT (www.zenit.org). Les cardinaux, réunis pour voter et élire le nouveau pape, allaient conclure leur seconde journée de ce conclave. Une certaine tension était dans l'air ; et puis, à l'improviste, de la cheminée de la Chapelle Sixtine, la première bouffée de fumée est sortie, pas vraiment blanche. Mais aussitôt après, le blanc est devenu si intense qu'il se détachait très clairement sur le ciel sombre et pluvieux. J'ai hurlé : « Elle est blanche, elle est blanche ! Nous avons un pape ! » J'ai serré Alberto dans mes bras et nous avons déferlé avec nos collègues sur la Place Saint-Pierre. Beaucoup, surtout parmi les Italiens, étaient convaincus que ce serait le cardinal Angelo Scola, archevêque de Milan, qui apparaîtrait au balcon de la basilique Saint-Pierre. Des amis de Communion et Libération appelaient déjà en chantant « le pape Angelo ». Lorsque le nom de Jorge Mario Bergoglio a été annoncé, la place était dans la stupéfaction ; pendant un instant le silence a prévalu, puis la joie a explosé.

Le 11 février, le pape Benoît XVI avait plongé le

monde dans l'effroi en annonçant sa renonciation au pontificat. En l'espace d'un peu plus d'un mois à peine, le monde connaissait le nouveau pape. Un homme simple, humble, bon, charitable, qui s'est présenté en saluant tous ceux qui étaient là. Il a dit : « Bonsoir ! » et a invité le peuple en liesse à prier. Comme Mère Teresa de Calcutta, avec douceur, d'une voix faible, il a invité à prier pour Benoît XVI, pour le nouveau pape et pour tous ceux qui étaient là. Il a demandé le silence et s'est incliné pendant la prière. C'est ainsi que toute la foule sur la place a récité avec le pape François le Notre Père, l'Ave Maria et le Gloire au Père.

Sur le moment, bien peu ont compris combien le choix du nouveau pape était surprenant, sans précédent dans l'histoire. Le Père Jorge Mario Bergoglio est un Argentin, fils d'immigrés italiens, le premier pape venant d'Amérique latine, le seul jésuite du Conclave, le premier à avoir choisi le nom de François et ceux qui le connaissent savent bien pourquoi.

Il s'agit d'une vraie vocation adulte. Technicien en chimie, il est prêtre à 33 ans, après avoir obtenu sa licence en philosophie et en théologie. L'ancien provincial de la Compagnie de Jésus, confesseur à Córdoba, cardinal et archevêque de Buenos Aires, est une personne dotée d'une humilité désarmante. Témoin de la charité et de la miséricorde, il a consacré une grande partie de sa vie et de son apostolat au soin des pauvres, des malades, de ceux qui sont loin, des pécheurs, des derniers. Il passe l'essentiel de son temps à prier, confesser, écouter et prendre soin de l'âme des personnes.

Quand il était jeune, il a déclaré à sa mère qu'il voulait faire des études pour devenir médecin. La maman a découvert ensuite qu'il étudiait des livres de théologie et de philosophie et elle s'est mise en colère, mais le jeune Jorge Mario lui a expliqué qu'il n'avait pas menti, parce qu'il étudiait la « médecine de l'âme » et qu'il voulait devenir « médecin des âmes ».

Le choix de son nom reflète exactement ce qu'il est. C'est une personne très simple qui, à Buenos Aires, n'avait ni chauffeur ni secrétaire et se déplaçait à bicyclette, en métro ou en autobus. Il se faisait lui-même la cuisine ou préparait les repas pour les autres. Il était disponible pour tous ; aucun de ceux qui lui ont demandé de le rencontrer n'a était repoussé. Il n'attend pas qu'on aille le trouver, c'est lui qui va vous chercher. Il va toujours au devant des personnes, il les accueille, les écoute, les embrasse et les bénit. Il a mis le pied dans les lieux où la situation est la plus désespérée. Il boit du *mate*, une infusion de feuilles amères très populaire en Argentine. La soutane n'a jamais était un obstacle pour lui ; c'est au contraire le symbole de l'Église du Christ, pasteur à la recherche des brebis perdues.

Le curé d'une église de la banlieue de Buenos Aires raconte que, dans sa paroisse, on attendait l'archevêque pour administrer le sacrement de la confirmation. On a vu arriver un prêtre à bicyclette : c'était le Père Bergoglio, l'archevêque de Buenos Aires. On pouvait s'attendre à tout, sauf à cela. Avec la prière et la confession, c'est au soin des personnes démunies et des plus faibles qu'il a consacré son apostolat. Sa décision de laver les pieds des malades du sida, en 2001, a fait du bruit : lors d'une visite dans un hôpital de Buenos Aires, il a voulu laver et embrasser les pieds de douze malades, demandant pardon pour l'indifférence de la société envers les malades et les pauvres. Passionné de football, il est le supporter et l'associé du San Lorenzo, l'équipe argentine fondée par un prêtre salésien.

Le Père Bergoglio est heureux d'être prêtre, sobre et rigoureux comme un jésuite, bon et fraternel comme un franciscain et il a la piété, la docilité et la douceur d'un serviteur de Marie Immaculée. Conscient des faiblesses humaines et de la miséricorde de Dieu, il demande avec humilité des prières à tous ceux qu'il rencontre et leur offre humblement la sienne. Lors de sa première sortie, il a demandé à la foule de prier pour lui, assurant de sa prière pour tous les fidèles. Proche des personnes, c'est un père spirituel qui connaît la pauvreté et la souffrance.

Né en 1936, il aura 77 ans le 17 décembre prochain, mais il n'est pas dit que son âge avancé soit nécessairement une limite à son pontificat. Le 16 mars, en rencontrant le Collège des cardinaux, il leur a dit : « La moitié d'entre nous avons un âge avancé : la vieillesse est – j'aime le dire ainsi – le siège de la sagesse de la vie. Les personnes âgées ont la sagesse d'avoir cheminé dans la vie, comme le vieillard Siméon, la vieille Anne au Temple. Et justement cette sagesse leur a fait reconnaître Jésus. Donnons cette sagesse aux jeunes : comme le bon vin, qui avec les années devient meilleur ». Au conclave de 2005, c'est lui qui avait obtenu le plus de votes après Joseph Ratzinger. Il pouvait bloquer son élection. Avec humilité, il a prié ses électeurs de voter pour le futur Benoît XVI. Il a toujours refusé le moindre privilège. Il a cherché à vivre la fraternité et le partage avec les pauvres et ceux qui sont faibles. En Argentine, beaucoup le considèrent comme un saint.

Il est intéressant de noter que celui qui a été élu pape vient d'un pays très catholique, situé au milieu de deux océans, entre l'Atlantique et le Pacifique, et au-dessus de l'Antarctique. Un pays « presque au bout du monde », a-t-il dit à peine élu. Il était difficile de prévoir son élection, mais deux heures avant la fumée blanche, j'ai rencontré un bon ami, le professeur Guzman Carriquiry, secrétaire de la Commission pontificale pour l'Amérique latine, qui a été sous-secrétaire du Conseil pontifical pour les laïcs et il m'a assuré que le cardinal Bergoglio serait élu pape. En réalité, le cardinal Josè Saraiva Martins m'avait dit lui aussi que serait élu un pape de 76-77 ans, bon, charitable, d'une grande spiritualité. Tous les professionnels des médias s'attendaient à un pape plus jeune et Bergoglio n'était sur aucune liste établie par les spécialistes, pas même parmi les surprises possibles. Le Père Federico Lombardi, directeur de la salle de presse du Vatican, a confirmé que « la surprise a été très grande ». Le porte-parole du Vatican, ému par l'élection d'un confrère, a ajouté : « Nous avons un pape qui veut servir, expression d'un style simple et témoignage évangélique ».

Le lendemain de l'élection, Salvatore Cernuzio, de ZENIT, a écrit du pape François : « Dans son aspect, il rappelle Jean XXIII, il est sympathique comme le pape Wojtyla, il parle avec la simplicité de Jean-Paul I et il pense comme Joseph Ratzinger. Un mélange explosif. Et la réponse est claire : ce pape nous plaît ! ».

2

Pourquoi le choix du nom de François ?

Il était 18h30, ce mercredi 13 mars, lorsque le cardinal doyen Angelo Sodano s'est approché de Jorge Mario Bergoglio pour lui demander : « *Quo nomine vis vocari* ? », par quel nom veux-tu être appelé ? Et le cardinal argentin lui a répondu : « *Vocabor Franciscum* », je m'appellerai François.

Saint François d'Assise est l'un des saints les plus vénérés au monde, mais comment et quand le cardinal Bergoglio a-t-il eu l'idée de prendre ce nom ? En effet, c'est la première fois dans l'histoire qu'un pape choisit le nom de François. Ce qui s'est passé, il l'a raconté lui-même lors de la rencontre avec les journalistes, dans la Salle Paul VI du Vatican, le matin du samedi 16 mars. Laissant tomber le discours écrit qu'il avait préparé, le pape François a expliqué : « Certaines personnes ne savaient pas pourquoi l'évêque de Rome a voulu s'appeler François. Certains on pensé à François-Xavier, d'autres à François de Sales ou à François d'Assise. Je vais vous raconter l'histoire. Pendant l'élection, j'avais à côté de moi l'archevêque émérite de San Paulo, qui est aussi préfet émérite de la Congrégation pour le clergé, le cardinal Claudio Hummes, un grand ami ! Quand les choses ont commencé à être un peu « dangereuses », il me réconfortait. Et quand les votes ont atteint les deux tiers, les applaudissements habituels ont eu lieu parce que le pape avait été élu. Et lui, à ce moment, il m'a serré dans ses bras, il m'a embrassé et m'a dit : « N'oublie pas les pauvres ! » Et cette parole m'est rentrée dans la tête : les pauvres, les pauvres... Aussitôt, en lien avec les pauvres, j'ai pensé à François d'Assise. Puis j'ai pensé aux guerres, pendant que le scrutin se poursuivait, jusqu'au dépouillement de tous les votes. Et François est l'homme de la paix. Et c'est ainsi que ce nom est venu dans mon cœur : François d'Assise. Il est pour moi l'homme de la pauvreté, l'homme de la paix, l'homme qui aime et qui protège la création ; en ce moment, nous aussi, nous avons avec la création une relation qui n'est pas très bonne, non ? Il est l'homme qui nous donne cet esprit de paix, l'homme pauvre ». « Ah ! comme je voudrais une Église pauvre et pour les pauvres ! », a souligné le pape François. « Ensuite, a-t-il poursuivi, il y en a qui ont plaisanté : « Mais tu devrais t'appeler Hadrien, parce que Hadrien VI a été un réformateur, il faut réformer... » Et quelqu'un d'autre m'a dit : « Non, non, ton nom devrait être Clément. – Pourquoi ? – Clément XV, comme cela, tu te vengerais de Clément XIV qui a supprimé la Compagnie de Jésus ! ».

Comme ils sont étranges, les aléas de l'histoire ! Imaginez : Clément XIV était franciscain et il a supprimé la Compagnie de Jésus. Paradoxalement, aujourd'hui, nous avons un jésuite qui, devenu pape, se fait appeler François. À ce sujet, le Père Gianfranco Berbenni, frère capucin du couvent de Varese et professeur d'histoire de l'Église à l'Athénée pontifical Regina Apostolorum, interrogé par Terry Marocco pour l'édition extraordinaire de Panorama (supplément au n. 13 du 20 mars 2013, p. 37), dit que le pape François « sera plus franciscain que nous autres, frères ». Voici ce que le Père Berbenni a confié : « Nous attendions un pape franciscain, mais un homme saint comme Bergoglio, qui a choisi ce nom, cela a pour nous une grande valeur ». En parlant du cardinal Bergoglio, le capucin a précisé : « Son style de vie franciscain a été très surprenant pour un cardinal. Et en tant que pape, il le sera encore plus parce que, selon la règle des contraires, un jésuite qui s'appelle François sera encore plus franciscain que nous ».

Le Père Antonio Spadaro, directeur de la revue *La Civiltà cattolica*, interrogé par Paola Sacchi de l'hebdomadaire italien *Panorama*, a donné son interprétation personnelle sur le choix du nom de François par le cardinal Bergoglio. Il s'est exprimé ainsi : « Il est très attentif aux pauvres, il l'a toujours été. Il a un mode de vie sobre, utilise les transports publics, l'autobus, le métro. Il garde très présentes à l'esprit la simplicité et la pauvreté de son peuple et il veut les vivre en première personne.

Le choix du nom de François soulève d'innombrables suggestions. Sur la Place Saint-Pierre, certains brandissaient des pancartes faisant allusion aux paroles que le crucifix aurait dites au saint d'Assise : « Va réparer ma maison ». D'après les sources franciscaines, ce sont les paroles mêmes que le Christ en croix de l'église délabrée de Saint Damien aurait adressées au pauvre d'Assise. Des paroles fortes, qui sont apparues en cohérence avec les temps que l'Église est en train de vivre. L'élection du pape François arrive en effet à un moment où l'Église est secouée par des scandales : l'implication de hauts prélats dans des actes de pédophilie, la trahison du majordome du pape, une lutte interne mal dissimulée à la Curie, des prêtres accusés d'avoir soustrait de l'argent à des hôpitaux et à des institutions catholiques. Avec l'élection du pape François, il semble que l'Esprit-Saint ait pris très au sérieux les prières des fidèles, éclairant les cardinaux dans leur choix d'un pape capable d'assainir en profondeur l'Église du Christ.

L'adoption du nom de François, le style de vie à la fois monacal, jésuite et franciscain du Père Bergoglio représentent une grande nouveauté, mais en même temps, soulèvent des questions qui ont caractérisé le rapport historique entre saint François et l'Église comme institution. Dès les premières semaines du pontificat, en effet, certains ont déploré le style trop sobre, presque trop peu sacré, du pape François. L'humilité de saint François était telle qu'il n'a jamais voulu être prêtre parce qu'il ne se sentait pas digne de donner l'Eucharistie. Le style pauvre, humble et réduit à l'essentiel des franciscains n'a pas toujours rencontré, dans l'histoire, l'enthousiasme des prélats qui présidaient au gouvernement de l'Église. C'est peut-être aussi pour cette raison qu'aucun pape n'avait jamais choisi le nom de François.

Dans ce contexte, il y a par exemple des personnes qui ont exprimé des critiques devant le choix du pape d'aller laver les pieds de jeunes détenus, avec cette nouveauté que l'on comptait, parmi les douze, deux musulmans et deux femmes. L'Évangile raconte que Jésus a lavé les pieds de ses disciples et, avant le pape François, les papes ont toujours lavé les pieds à douze cardinaux. Interpelé par ZENIT sur cette question, le Père Pietro Messa, président de l'École supérieure d'Études médiévales et franciscaines de l'Université pontificale Antonianum, a expliqué le geste du pape François : pour lui, à travers le lavement des pieds au cours de la liturgie de la messe de la Cène du Seigneur, célébrée le 28 mars à la prison de Casal del Marmo à Rome, l'évêque de Rome a voulu rappeler le récit de Bonaventure de Bagnoregio, dans un des sermons consacrés au saint d'Assise : « Grégoire IX, rempli de sagesse, étant donné la familiarité qu'il partageait avec le bienheureux François, devint son imitateur et il avait dans sa chambre un lépreux qu'il servait, habillé en frère. Un jour, ce lépreux lui demanda : Mais le souverain pontife n'a-t-il que ce vieillard pour me servir ? C'est trop fatigant pour lui ! ». Le Père Messa écrivait : « L'exemple de saint François a aussi influencé Claire d'Assise ; en effet, dans le procès de canonisation qui s'est déroulé en novembre 1253, environ trois mois après sa mort, Sœur Agnès d'Oportulo témoigne que, par humilité, elle lavait les pieds de ses sœurs et même, à la fin, elle les embrassait (*Claire d'Assise, Écrits, Vies et documents*, Éditions Franciscaines et Éditions du cerf, Paris 2013). Le témoin précise que cela a eu lieu pendant le Carême et que c'était un jeudi, détail non sans importance pour comprendre le geste et en replacer le souvenir dans la liturgie propre du jeudi saint. Il est intéressant de noter que cette information nous est transmise par Sœur Agnès d'Oportulo, qui insiste surtout sur l'oraison, l'ascèse pénitentielle et l'humilité de Claire ; certaines pratiques, que l'on pourrait définir comme dévotionnelles, tiennent une place importante dans son témoignage, comme l'oraison des Cinq Plaies, qui lui a été recommandée personnellement par Claire au moment de sa mort, ou encore d'embrasser les pieds de celles qu'elle sert. Le témoin elle-même est immergée dans ce climat de dévotion pénitentielle au point d'aller non seulement jusqu'à répéter le même geste, en lavant les pieds de Claire, mais jusqu'à boire l'eau avec laquelle elle a accompli cette action (*Claire d'Assise, Écrits, Vies et documents*, Éditions Franciscaines et Éditions du cerf, Paris 2013). Angèle de Foligno s'est comportée de la même manière lorsque, le jeudi de la Semaine sainte, jour où la liturgie est caractérisée par le lavement des pieds, elle s'est rendue à l'hospice pour laver les pieds des femmes malades et les mains des hommes. Un geste motivé par la recherche de Jésus ; si un tel acte semble s'inscrire dans une manière de vivre la charité en vendant même quelques vêtements personnels pour rassasier les indigents, il apparaît, d'autre part, comme un moyen pour s'humilier, au point de boire l'eau sale ». Par conséquent, souligne le Père Messa : « Ceci nous situe au cœur de la liturgie qui, au Moyen-âge, donnait au lavement des pieds le sens d'un *exemplum humilitatis* plus que de la charité (cf. P.F. Beatrice, *La lavanda dei piedi. Contributo alla storia delle antiche liturgie cristiane* [2], Rome 1983, pp.

---

[2] Le lavement des pieds. Contributin à l'histoire des anciennes liturgies chrétiennes.

197-221). Il n'est pas surprenant que Saint François devienne un exemple, puisque le but d'une canonisation, y compris la sienne, qui eut lieu en 1228, est aussi d'offrir un modèle de sainteté. Le pape Grégoire IX, sainte Claire, la bienheureuse Angèle l'imitent ou, mieux, comme le saint d'Assise, ils suivent l'exemple de Jésus qui s'est mis à laver les pieds. Cependant, il faut considérer que le même geste est exécuté dans des buts différents : si, pour François d'Assise, comme c'est affirmé dans son testament, c'est la pratique de la miséricorde qui est centrale, pour le pape Grégoire IX, c'est le service et pour sainte Claire l'exercice de l'humilité, alors que pour Angèle de Foligno, il s'agissait de trouver le Christ parmi les pauvres et les affligés. À première vue, de telles motivations peuvent paraître semblables, mais une lecture plus attentive fait saisir la diversité des nuances qui conduisent à des résultats très différents ».

En conclusion, pour le Père Messa : « En assumant ce nom justement en référence au saint d'Assise, le pape François a voulu lui aussi se rendre dans un lieu d'affliction pour accomplir le geste du lavement des pieds ; mais là aussi, il existe une différence parce que si, pour les premiers, il s'agissait d'un geste de charité et de pénitence, pour le pape il s'agit précisément de l'acte liturgique du Jeudi saint, avec des gestes et des significations intimement liés, de sorte que, si l'on paraphrase les paroles de Vatican II, les gestes manifestent et renforcent la doctrine et les réalités signifiées par les paroles, tandis que les paroles proclament les œuvres et illustrent le mystère contenu en elles » (*Dei Verbum*, 2).

C'est ce qu'affirmait un prêtre, en termes plus explicites : « Actuellement, nous n'avons pas besoin d'un pape qui sacralise, mais d'un pape qui sanctifie ! ».

3

Un cyclone de bonté

Nous ne savons pas si c'était la même chose lorsqu'il était archevêque à Buenos Aires. Peut-être que l'élection du pontife a libéré davantage et a fait connaître au monde les qualités humaines et spirituelles du Père Jorge Mario Bergoglio, aujourd'hui connu comme le pape François. C'est un fait qu'à chaque sortie, qu'il parle ou qu'il rencontre les personnes, que celles-ci soient des chefs d'État, des ministres, des cardinaux, des détenus, des personnes handicapées, des travailleurs, des gendarmes, des jardiniers, des concierges, des mères ou des pères de famille, des pauvres, des malades ou des pécheurs, le pape François déchaîne un enthousiasme contagieux. Et la foule accourt en masse pour l'écouter. Dès le premier Angelus, des centaines de milliers de personnes se sont précipitées à Rome pour voir, écouter le pape François et être près de lui. D'après les premiers chiffres, il apparaît qu'aucun autre pape dans l'histoire n'a jamais attiré autant de monde sur la Place Saint-Pierre. Nombreux sont ceux qui y sont venus pour la première fois. Un habitant de Côme, interrogé à la télévision, a raconté : « Je ne vais pas à l'église, mais ce pape m'a fasciné. Après l'avoir vu et entendu, je suis venu à Rome avec ma famille pour être proche de lui ». Dans un esprit serein et affable, le pontife suscite allégresse et émotion dans les cœurs. Ce n'est pas seulement le pape que tout le monde attendait, mais aussi un pape sensible et proche de chacun. Le calme et l'assurance avec lesquels le pape François se déplace dans la foule sont impressionnants. Il est joyeux, heureux, serein, il donne un sentiment de sécurité, il continue à lever le pouce comme pour dire « tout va bien ». Le jour de la première messe de son pontificat, alors qu'il se déplaçait debout dans la jeep découverte, dans la foule, un homme handicapé a crié ; le pape a fait arrêter la voiture, il a embrassé cet homme, il l'a caressé et celui-ci s'est mis à rire ; autour de lui, se mêlaient rires et larmes. La personne que le pape François a embrassée et tranquilisée, Cesare Cicconi, a raconté que le pape s'était approché de lui, l'avait embrassé sur le front et lui avait dit en lui caressant le bras : « Mon ami, prie pour moi ». Autour, les volontaires de l'UNITALSI [3] disaient : « Merci, Sainteté », mais le pape a répondu : « Non, merci à vous ! ». Il y avait aussi une petite fille qu'on lui a apportée et qui pleurait ; il l'a embrassée, caressée et elle s'est calmée. À une autre occasion, rencontrant une adolescente en fauteuil roulant avec une jambe dans le plâtre jusqu'à la

---

[3] Union nationale italienne du transport des malades à Lourdes et dans les sanctuaires internationaux.

cuisse, il s'est arrêté, l'a caressée et a écrit son nom sur le plâtre. Voyant un autre enfant en train de pleurer, il l'a embrassé et lui a remis sa sucette dans la bouche ; le petit enfant le regardait, ébahi. Sur la Place Saint-Jean, le pape est passé en jeep devant une sœur qui accompagnait un jeune non-voyant. La sœur a témoigné que le pape l'avait regardée comme pour lui dire : « Viens, amène-moi cette personne » et elle s'est avancée avec le jeune. Le pape s'est arrêté, est descendu de sa voiture, a embrassé le jeune non-voyant, lui a parlé et l'a consolé. Le jeune ne voyait pas mais il souriait, heureux. On comprenait qu'il imaginait la scène. Sans vouloir exagérer, le pape François fait des gestes et accomplit des actions qui ressemblent beaucoup à ceux qui sont racontés dans les Évangiles, lorsque Jésus se déplaçait parmi les foules. À ce propos, le Père Vincenzo, de l'UNITALSI de Saint Benoît, a raconté que le geste du pape qui s'est arrêté et a embrassé Cesare Cicconi leur a rappelé le passage de l'Évangile de Matthieu (Mt 8,14-17) lorsque, « *étant venu dans la maison de Pierre, Jésus vit sa belle-mère alitée, avec la fièvre. Il lui toucha la main, la fièvre la quitta, elle se leva et elle le servait* ».

Mgr Filippo Santoro, l'évêque de Tarente, raconte que quand il a connu le cardinal Bergoglio lors d'une rencontre au Brésil en 2007, il a été extrêmement impressionné par ses dons d'accueil, de transparence, unis à une intelligence très profonde. Et le missionnaire argentin, le Père Pedro Pablo Opeka, a répété à la revue *Famiglia Cristiana* ce que lui avaient dit ses sœurs qui vivent à Buenos Aires. Lorsqu'il était encore dans la capitale argentine, le cardinal Bergoglio réalisait des œuvres d'évangélisation et d'assistance dans les quartiers pauvres, dans les zones mal famées, parmi les plus marginaux et, à plusieurs occasions, le Jeudi saint, il a lavé les pieds des détenus dans les prisons. Le directeur de Radio Maria en Argentine, le Père Javier Soterias, affirme que le cardinal Bergoglio fait des choses incroyables : au cours d'une réunion, il a révélé avoir nommé prêtre *in pectore* un jeune de ceux qu'il rencontre dans les quartiers les plus pauvres et mal famés de la ville. Et il n'a pas pu l'envoyer au séminaire parce que le milieu d'où il était issu ne le lui aurait pas permis.

Si l'on regarde les réactions sur les réseaux sociaux les plus fréquentés comme Twitter et Facebook, on se trouve face à un véritable « cyclone » de bonté qui trouve un écho dans les réactions des personnes. Une femme sicilienne écrit : « C'est un pape merveilleux ! », et une jeune étudiante ajoute : « On voit tout de suite qu'il est bon et doux ». Un abonné à l'adresse de twitter@pontifex a écrit : « Pape François, bienvenu ! Je pleure d'émotion lorsque je t'écoute parler. Tu seras notre guide ! », et un autre : « Ils ont choisi un homme d'une immense spiritualité et d'une très grande attention aux pauvres ». Un autre abonné fait observer que le pape François « le Jeudi saint, n'était pas dans la cathédrale mais à l'hôpital avec les malades du sida ».

Parmi les messages arrivés sur la page Facebook de ZENIT en langue espagnole, on trouve ceci : « c'est un pape spectaculaire », qui nous rappelle que « le Seigneur est miséricordieux avec toutes ses créatures » ; « il a la sainteté, l'humilité, la spontanéité, l'honnêteté et il reflète l'amour de Dieu » ; « on ne peut pas juger si vite mais on voit qu'il est bon » ; « il suscite espérance et charité », « c'est un retour aux origines de notre Église, très proche des pauvres et attentive à eux. Un prophète de notre temps envoyé par l'Esprit-Saint » ; « Jean-Paul II a été le pape de l'espérance, Benoît XVI celui de la foi et François celui de la charité » ; « c'est un saint chrétien pour l'humanité » ; « espérance, douceur et sincérité. Nous devons encore comprendre combien il est bon » ; « sa vie d'homme, de prêtre, d'évêque et de cardinal le montre comme un pasteur cohérent qui prend la défense des pauvres » ; « un pape capable de générer des changements bénéfiques à l'intérieur comme à l'extérieur de l'Église ». Et enfin : « il est le pape que nous espérions tous ».

Les lecteurs de langue anglaise de ZENIT écrivent : « un pape humble et simple » ; « parfait pour notre temps » ; « un réformateur qui fera beaucoup de bien à l'Église » ; « sa vie est de prier Dieu » ; « son humilité est énorme, les autres chefs religieux devraient suivre son exemple » ; « un grand pape qui succède à Benoît XVI ; nous espérons qu'il poursuivra sur les pas de son prédécesseur » ; « il a réveillé ma foi. Il m'a encouragé à devenir un chrétien meilleur » ; « un homme qui n'oublie pas les personnes démunies » ; « par son exemple, il nous rappelle ce que signifie être des hommes de Dieu » ; « un humble serviteur de Dieu » ; « il a une grande simplicité, son humilité désarme ceux qui critiquent l'Église catholique » ; « espérons qu'il restera tel qu'il est. Soutenons-le par nos prières » ; « nous devons prier pour lui tous les jours » ; « il m'a plu dès le premier moment et je pense que l'Esprit-Saint nous a révélé une personne spéciale » ; « le pape François est un don pour le monde, une âme pieuse et humble, pleine de joie, de courage et de force pour porter la croix comme le Christ » ; « fantastique ! Je n'avais jamais entendu parler de lui avant ; combien d'autres cardinaux sont comme ça ? L'Esprit-Saint nous a surpris encore une fois » ; « un pape dont le nom et les premières actions inspirent confiance dans l'Église et l'humanité » ; « l'Esprit-Saint a choisi le meilleur » ; « incroyable ! C'est vraiment un grand cadeau ».

Voici enfin quelques commentaires parus sur la page Facebook de ZENIT en français : « un homme simple, bon, ami des plus pauvres ; je l'aime déjà de tout mon cœur et j'attends ses paroles qui seront un grand enseignement pour nous » ; « un homme chaleureux et spontané, on voit qu'il a une spiritualité profonde » ; « un homme humble, proche du peuple, qui aime l'Église et qui est au service de tous, profond ; je l'apprécie vraiment et je prie pour lui » ; « je le trouve si simple, humble, avec un grand cœur. Que Dieu l'accompagne ! »

La popularité du pape François atteint des niveaux jamais vus dans l'histoire de l'Église. Ils sont environ six millions d'abonnés à l'adresse Twitter du pape. La Secrétairerie d'État ne parvient pas à répondre aux dizaines de milliers de lettres qui arrivent au Vatican. Sur le parking situé au-dessous de la colline du Janicule, à deux pas de la Place Saint-Pierre, on dit que le mercredi 17 avril tous les records de présence ont été battus. Depuis que le pape François a été élu, le nombre des pèlerins ne cesse d'augmenter chaque jour.

4

Comme dans l'Évangile

À peine élu, le pape François a accompli des gestes et des actions qui ont déjà marqué à jamais l'histoire de l'Église. Il devait se présenter au balcon de la basilique Saint-Pierre pour se faire connaître au monde et il n'a pas voulu endosser la mozette, la petite cape en satin rouge bordé de fourrure d'hermine. Il n'a pas non plus revêtu la mozette en damas blanche, elle aussi bordée d'hermine, que les papes portent d'habitude entre Pâques et la Pentecôte. Il est resté vêtu d'une simple soutane blanche. On lui a proposé de monter dans la voiture de représentation mais il a préféré rentrer en car avec les autres cardinaux à la Maison Sainte-Marthe, l'hôtel où il réside encore. Une heure à peine après la bénédiction *urbi et orbi*, il appelait des amis au téléphone pour leur dire « Priez pour moi ! ». C'est ce qu'a raconté Stefania Falasca, ancienne rédactrice, avec son mari Gianni Valente, du mensuel *30 Giorni*. « L'autre soir, a-t-elle raconté, nous rentrions de la Place Saint-Pierre et le téléphone a sonné » - c'était le Père Bergoglio – « il avait sa délicatesse habituelle ». « - Mais maintenant comme dois-je vous appeler ? Sainteté ? Saint-Père ?... Il s'est mis à rire ». Plus tard dans la soirée, les gardes suisses ont monté la garde devant sa chambre à la Maison Sainte-Marthe. Le pape François s'est inquiété pour eux qui devaient veiller toute la nuit ; il a pris un siège, l'a mis à côté des gardes et, laissant la porte entrebâillée, il leur aurait dit de l'appeler s'ils en avaient besoin, et qu'il se serait réveillé. Le lendemain matin, il est allé à la basilique Sainte-Marie-Majeure dans la voiture de service de la gendarmerie. Il a réprimandé les clercs parce que l'église n'était pas ouverte dès les premières heures du matin. Dans l'église, il a rencontré tous ceux qui étaient là et a invité les confesseurs à être miséricordieux.

Vêtu de sa soutane blanche de pontife, il est ensuite passé payer sa note à la Maison des prêtres où il était logé avant le début du Conclave. Aujourd'hui encore, il vit dans la Maison Sainte-Marthe, il prie et célèbre la messe dans la chapelle de la résidence, avec des hôtes toujours différents, des employés du Vatican, des prêtres qui logent à Sainte-Marthe, des membres de la gendarmerie, des jardiniers, des journalistes de Radio Vatican. Il a une relation très accueillante avec tous, embrasse et échange des plaisanteries avec les personnes présentes. Plus d'une fois, à la fin de la messe, il s'est installé au fond de la chapelle pour réfléchir et prier. Il prend le petit-déjeuner, le déjeuner et le diner comme un hôte normal de la Maison Sainte-Marthe et a refusé qu'on lui réserve une table. Lorsqu'il n'est pas avec ses collaborateurs, il s'assied à table avec les personnes qu'il trouve. Il aime énormément connaître de nouvelles personnes et les écouter raconter leurs histoires Il parle peu et écoute patiemment.

Le 17 mars, il a célébré la messe dans l'église Sainte-Anne, à l'intérieur du Vatican, juste après la Porte Angelica. Après avoir salué personnellement chacune des personnes qui étaient présentes à la messe, il s'est dirigé vers la rue de la Porte Angelica avec la nette intention d'aller à la rencontre des passants. Les gardes suisses et les membres de la sécurité ne savaient pas quoi faire. La foule criait en chœur : « Vive le pape », « François, François » et les Romains l'appelaient en dialecte « A Francé… ». Tout le monde était aux anges et le pape, souriant, est allé tranquillement serrer les mains, bénir et saluer les passants, caresser et embrasser les enfants. Un jeune qui se trouvait là a raconté que, à un moment, le pape a béni une femme et spécialement son ventre, souhaitant une bonne naissance à l'enfant qu'elle portait en elle. La jeune femme était émue : cela ne se voyait pas qu'elle était enceinte et elle ne l'avait pas dit au pape. Le pape François l'a compris tout de suite. A-t-il lu dans son cœur ? Ou bien est-il sensible au point de l'avoir perçu à son aspect physique ? Un

Argentin a raconté qu'il est arrivé d'autres fois que l'archevêque de Buenos Aires lise dans le cœur des personnes. Par exemple, en rencontrant des personnes à l'extérieur d'une église, on lui a amené une petite fille qui s'appelait Suzanne. Il l'a prise dans ses bras et a dit avec insistance à ses parents : « Je vous en prie, faites-la baptiser ». Personne ne le lui avait dit, mais lui a compris que la fillette n'avait pas encore reçu le sacrement.

« Que pensez-vous de ce pape ? » ai-je demandé au Père Mariano Cera, curé de la paroisse Sainte-Marie-du-Carmel-in-Traspontina, une église qui se trouve dans la rue de la Conciliation, à deux pas de la Place Saint-Pierre. « Je ne sais que dire », a-t-il répondu, « tout ce que je sais, c'est que dimanche après-midi, les fidèles faisaient la queue pour se confesser. Nous n'avions jamais vu autant de monde aux confessionnaux. Certains ne s'étaient pas confessés depuis deux ou trois ans. Ils nous ont dit, a-t-il poursuivi, qu'ils avaient éprouvé cette nécessité après avoir entendu le pape François qui invitait à ne jamais se lasser de demander pardon, parce que Dieu est miséricordieux ». Dans la plupart des églises de Rome, on a remarqué une queue devant les confessionnaux. J'ai entendu plusieurs fois des personnes me dire : « Tu sais, mon amie, qui critique l'Église, qui en veut aux prêtres… elle m'a dit qu'elle avait été touchée par ce pape, il est est bon, il suscite la sympathie ». Et aussi : « Tu sais, mon fils ainé qui ne va pas à l'église, qui n'aime pas les prêtres ; et bien, après avoir entendu le pape François, il a changé. Maintenant il va tous les dimanches à l'Angelus ».

Ce qui est surprenant aussi, c'est la fréquence avec laquelle le pape François est cité et repris dans les homélies comme dans les discussions ordinaires. Mon collègue et ami Giuseppe Rusconi a demandé à deux étudiantes en médecine, Sara et Giulia, pourquoi elles étaient venues de Vénétie sur la Place Saint-Pierre. La première lui a répondu : « Je suis venue pour embrasser le pape. Peut-être que ce pape a quelque chose de particulier, c'est son nom ». Et la seconde : « Le pape François m'a semblé très proche des personnes. J'ai eu spontanément le désir de le rencontrer ». Sœur Ursule, supérieure générale des murialdines, raconte ceci : « Mercredi 13 mars, je me trouvais Place Saint-Pierre parmi toute la foule en fête, au milieu de nombreux jeunes et de familles avec des enfants dans les bras. Sans nous préoccuper de la pluie, nous étions là à attendre le nouveau pape. Quand il est apparu à la loggia centrale de la basilique et qu'il a pris la parole pour dire simplement : « Frères et sœurs… bonsoir ! », l'enthousiasme s'est exprimé par de longs applaudissements. Mais le moment le plus intense et le plus fort a été lorsqu'il a demandé de faire silence et de prier pour lui : « Faisons en silence une prière de vous sur moi ». Le voir s'incliner pour recevoir la bénédiction invoquée par la foule, ce silence, cette atmosphère spirituelle que l'on ressentait presque physiquement nous ont tous bouleversés. J'ai vu beaucoup de personnes émues et moi-même, je n'ai pas pu retenir mes larmes. À ce moment, il m'est venu à l'esprit cette parole de Jésus : « *l'Esprit du Seigneur est sur moi… il m'a envoyé porter la bonne nouvelle aux pauvres* ». Le pape François s'est immédiatement révélé être un homme humble, simple, spirituel, pauvre et qui aime les pauvres. Vraiment, le Seigneur a visité son peuple ! Merci, pape François, et tous nos vœux pour ta route avec ton peuple ». Mère Pierina Scarmignan, supérieure générale des ursulines de Marie Immaculée, ajoute : « Je considère que l'événement de l'élection du pape François est une grande grâce pour l'Église et pour le monde entier. Nous avons vécu l'attente de son élection avec une intensité très particulière. C'était une attente faite de prière à l'Esprit et d'un désir profond que l'élu soit « une personne belle », un homme de Dieu, qui soit l'homme que Dieu lui-même désirait pour son Église bien-aimée. Et Dieu a exaucé notre prière ! Dès le premier jour de son pontificat, le pape François s'est révélé être un homme de Dieu. En voyant sa façon de se situer et en entendant ses paroles, notre cœur a aussitôt éprouvé une profonde reconnaissance envers Dieu pour le don de ce pasteur ».

La simplicité et l'humilité du Père Bergoglio sont exemplaires. Marino Scappucci, un bon ami qui a été fonctionnaire à Confagricoltura [4], m'a raconté les faits suivants. Il déjeunait parfois dans un restaurant réputé surtout pour ses plats de poisson, La Pollarola, qui se trouve sur la place du même nom, entre le Campo de' Fiori et la Place Navone ; à certaines périodes de l'année, il y rencontrait un prêtre argentin. D'après l'un des serveurs, le plat préféré de ce prêtre argentin, simple, affable, sympathique, était les pâtes aux brocolis dans un bouillon de poisson, l'« arzilla », une sorte de raie ; c'est un plat typique de la cuisine populaire romaine qui date de l'époque où le maigre revenu des familles exigeait des ménagères qu'elles exploitent au maximum le peu de ressources disponibles. Lorsque Jean-Paul II est mort, en 2005, un dirigeant piémontais de Confagricoltura demanda à Scappucci de l'accompagner pour saluer la dépouille du pape. Marino se rendit avec lui Place Saint-Pierre mais ils se trouvèrent devant une queue sans fin et une foule immense. C'est alors qu'ils rencontrèrent le prêtre argentin qui, ayant reconnu Marino, lui demanda ce qu'ils

---

[4] Confédération générale de l'agriculture italienne.

faisaient là. Marino lui expliqua qu'ils cherchaient à aller rendre hommage à la dépouille de Jean-Paul II. Le prêtre argentin lui demanda d'attendre un moment disant qu'il allait voir ce qu'il pouvait faire pour eux. Il revint un quart d'heure plus tard en disant : « Je ne peux emmener que l'un de vous ». C'est ainsi que le dirigeant piémontais de Confagricoltura rejoignit un groupe de diplomates espagnols dans un minibus et put se rendre facilement auprès du corps de Jean-Paul II. Les jours suivants, il appela Marino pour le remercier et lui demanda qui était ce prêtre argentin qui les avait aidés mais Scappucci lui répondit qu'il ne le connaissait pas et qu'il l'avait rencontré plusieurs fois au restaurant La Pollarola. Le 13 mars, Marino Scappucci était devant la télévision pour connaître le nouveau pape ; lorsqu'il a vu le pape François saluer la foule, il a reconnu le prêtre argentin et s'est presque évanoui. Il s'est précipité sur la Place Saint-Pierre pour fêter ce prêtre argentin qui était devenu pape.

L'effet produit par le pape François sur les personnes est frappant : c'est véritablement comme un cyclone. Le journaliste argentin Alver Metalli a écrit que, dans le pays d'Amérique du sud, un journal a parlé de « l'effet Pancho », diminutif affectueux de François. Raquel Sosa, une femme évangélique depuis 17 ans, qui habite dans la banlieue de Buenos Aires, a écrit au pape François : « Cher Père Jorge, je vous salue avec beaucoup d'émotion et une grande espérance. Je voudrais vous dire que, après tant d'années, je suis très heureuse, en tant que croyante, parce que je vous ai vu parler au monde avec amour et simplicité, rappelant à tous que l'Église appartient au Christ et que servir le pauvre, le plus démuni, c'est servir Jésus ». Raquel Sosa a recommencé à aller à la messe et, à sa grande surprise, elle a retrouvé, agenouillés sur les bancs de l'église, quatre autres « frères » qui eux aussi fréquentaient les Églises évangéliques. À propos des évangéliques, Alessandra Nucci a raconté, sur le quotidien *Italia Oggi*, que, après avoir vu le style de vie du pape François, J. Lee Grady, un des dirigeants des Chrétiens évangéliques pentecôtistes des États-Unis, avait écrit dans la revue *Charisma* : « Plus de gardes du corps (...). Plus d'hôtels de luxe (...). Plus d'avions privés, surtout si l'on pense que Jésus est monté sur une ânesse lorsqu'il s'est présenté à Jérusalem comme le Messie. Plus de limousines. Avec l'argent économisé par ces responsables, nous pourrions construire un orphelinat ».

« L'effet Pancho » se retrouve aussi dans toutes les églises d'Argentine, avec une affluence de fidèles qui s'est multipliée à toutes les heures du jour ; et les pèlerinages spontanés affluent vers les sanctuaires. Les curés de la capitale ont signalé une augmentation considérable de l'affluence à la messe, le dimanche comme en semaine, et dans les demandes de sacrements, en particulier la confession et le baptême. Parmi les émigrés italo-argentins, Alicia De Mattei, employée de maison, en Italie depuis huit ans, fait cette confidence : « Avant l'élection du pape, ma vie était dure ; dans certains cas, on nous faisait sentir que nous n'étions pas des Italiens, mais des Argentins ayant un grand-père italien. Mais maintenant on nous salue, on nous félicite, on nous demande de parler de notre pays ». Le Père Mariusz Frukacs raconte sur ZENIT que, d'après un sondage publié le 12 avril par l'agence *Interfax* de Moscou, 71 % de la population russe souhaiterait que le pape François se rende en Russie : ce serait la première fois dans l'histoire. *Asia News* (http://www.asianews.it) a aussi parlé de l'"effet pape François". L'évêque de Daejeon (Corée du sud), Mgr Lazzaro You Heung-sik, raconte : « Notre pape est merveilleux. Sa simplicité et son charisme ont ouvert une brèche ici, en Corée ; la semaine dernière, nous autres, les évêques et les prêtres, nous avons été contactés par de nombreuses personnes non chrétiennes qui veulent commencer un chemin de conversion. Il y a longtemps que je dis que le travail de l'Esprit-Saint est presque tangible : c'est lui le patron de l'Église, il invente tout. Et il nous réinvente, nous aussi ».

En cohérence avec son style sobre et humble, le pape François n'a pas voulu la croix pectorale en or. Les premiers jours, il a porté sa croix d'archevêque, achetée à Rome lorsqu'il a été ordonné archevêque de Buenos Aires et maintenant il en porte une en argent. Il a voulu que l'anneau du Pécheur, le sceau du pape, soit en argent ; et il a finalement accepté que celui-ci soit doré par-dessus. Ne voulant pas de crosse en or, qu'il trouve trop lourde, il utilise celle de Jean-Paul II qui, d'ailleurs, était aussi celle de Paul VI. Lors des audiences, il se déplace parmi la foule dans la jeep découverte qu'avait prise Jean-Paul II le jour de l'attentat. Il n'a pas voulu des chaussures rouges, il porte de gros souliers noirs à lacets et déformés qui semblent lui avoir été offerts par quelque veuve en souvenir de son défunt mari !

Il continue à donner des coups de téléphone personnels. C'est arrivé lorsqu'il a appelé la Compagnie de Jésus et que le standardiste ne l'a pas cru. Cela s'est passé le vendredi 15 mars à 10h15. De la Maison Sainte-Marthe où il réside en attendant que son appartement soit prêt, le pape François a appelé le standard de la Compagnie de Jésus : « Bonjour, a-t-il dit, je suis le pape François, je voudrais parler au supérieur général ». Pendant que c'était une plaisanterie, le gardien a répondu un peu brusquement : « Qui est-ce qui veut parler avec le supérieur général ? Vous appelez de la part de qui ? ». Le pape a compris qu'on ne l'avait pas cru et très gentiment, il a répété à voix basse : « Je suis le pape François et toi, comment t'appelles-tu ? », en expliquant qu'il voulait parler au supérieur général pour le remercier de la belle lettre qu'il avait reçue la veille. À ce moment, le gardien a compris qu'il était au téléphone avec le pape et, très embarrassé, il a répondu : « Je m'appelle Andrea ». Et le pape : « Bonjour Andrea, comment vas-tu ? ». Le gardien s'est excusé : « Je vais bien ; excusez-moi, Sainteté, je suis désolé, je suis vraiment confus », mais le pape a poursuivi : « Ne t'inquiète pas, ce n'est pas grave ; passe-moi le supérieur général ».

Le 28 mars, Jeudi saint, le pape François a choisi d'aller laver les pieds de douze détenus de la prison pour mineurs de Casal di Marmo, à Rome. Parmi eux, il y avait deux femmes, dont une musulmane ; il y avait aussi un musulman parmi les hommes. Ce qui a le plus touché toutes les personnes qui ont participé à la cérémonie, c'est le regard plein d'amour avec lequel le pape regardait ces jeunes ; il n'a pas seulement lavé, essuyé, embrassé leurs pieds, mais il les a serrés dans ses bras, il les a consolés, encouragés… Personne n'a pu contenir son émotion. Le dimanche 21 avril, avant de réciter la prière du Regina Coeli, devant une Place Saint-Pierre comble, le pape François a commenté le passage de l'Évangile qui parle du Bon Pasteur et, contre toute attente, il a interrogé la foule : « Je voudrais vous poser une question : avez-vous parfois entendu la voix du Seigneur qui, à travers un désir ou une inquiétude, vous invitait à le suivre de plus près ? ». Sur le moment, il y a eu peu de réponses. Le pape a alors répété : « L'avez-vous entendu ? », et il a porté sa main droite à son oreille en disant : « Je n'entends pas... Avez-vous eu envie de devenir des apôtres de Jésus ? » À ce moment, la place a compris et a répondu à l'unisson : « Oui ! ». Puis la foule a commencé à scander en rythme le nom du pape et lui, parfaitement à l'aise, a répondu : « Merci beaucoup pour vos salutations, mais saluez aussi Jésus. Criez : Jésus ! Criez fort : Jésus ! ». La place a répondu avec vigueur puis le pape a invité à prier ensemble la Vierge Marie.

Ce style de dialogue avec la foule rassemblée pour le Regina Coeli est tout à fait insolite. Jamais on n'a vu un pape se comporter ainsi lors du Regina Coeli.

5

Un pape qui va chercher les derniers

Pourquoi le pape François se comporte-t-il ainsi ? Son humilité, ses gestes touchent. Mais est-ce une provocation ou sommes-nous face à un autre saint François ? En voyant avec quel naturel il agit, on comprend tout de suite que le pape ne joue pas un rôle mais que c'est vraiment sa manière de faire. Même si Jorge Mario Bergoglio n'est pas né comme cela. Pour devenir ce qu'il est, il a dû lutter contre les tentations et contre le péché. Il a vécu de manière austère, cherchant toujours à servir les derniers ; il a pratiqué la vertu et il a nourri son amour pour son prochain ; il a vécu en priant et en confessant, comme immergé dans une retraite spirituelle continuelle.

Dans le livre-interview intitulé le *Jésuite*, il a raconté aux deux journalistes argentins, Sergio Rubin et Francesca Ambrogetti, que, à la base de l'expérience chrétienne de conversion, il y a la prise de conscience que l'on est pécheur. « Je suis un pécheur que la miséricorde de Dieu a aimé de manière privilégiée », a confessé le Père Bergoglio. « Ce qui me fait le plus mal, c'est de ne pas avoir été suffisamment compréhensif et juste. (...) Parfois, pour aborder un problème, je me trompe, je me comporte mal et ensuite je dois faire marche arrière et demander pardon. Malgré tout, cela me fait du bien, parce que cela m'aide à comprendre les erreurs des autres. En suivant cette voie, le Père Bergoglio est devenu allergique à l'orgueil, à la vanité et il s'exerce à pratiquer la miséricorde de Dieu en allant chercher ceux qui sont loin, ceux qui sont désespérés, ceux qui souffrent. Son identité est profondément forgée par l'Évangile. Il a expliqué aux détenus auxquels il a rendu visite le Jeudi saint, que c'est le devoir du prêtre, du pasteur, de servir son troupeau et d'en prendre soin ; il a souligné que, en faisant le geste de laver les pieds, le Seigneur, qui est le plus important, celui qui est le plus haut, nous montre que le devoir des plus grands est de servir les plus petits. « S'aider mutuellement », a poursuivi le pape François, « voilà ce que nous enseigne Jésus et voilà ce que je fais. Je le fais de tout mon cœur parce que c'est mon devoir. Comme prêtre et comme évêque, je dois être à votre service. Je vous aime et j'aime faire cela parce que c'est ce que le Seigneur m'a enseigné ; mais vous aussi, aidez-vous toujours mutuellement et c'est ainsi que, en nous aidant, nous nous ferons du bien ».

Le pape a une idée très claire de ce que signifie servir. Aux 132 chefs d'État et princes régnants venus à Rome pour son élection, il a dit que le vrai pouvoir était le service. « N'oublions jamais que le vrai pouvoir est le service », a-t-il souligné, « et que le pape aussi, pour exercer le pouvoir, doit entrer toujours plus dans ce service dont le sommet lumineux est sur la Croix ; il doit regarder le service humble, concret, riche de foi de saint Joseph et, comme lui, ouvrir les bras pour protéger tout le peuple de Dieu et accueillir avec affection et tendresse l'humanité tout entière, en particulier les plus pauvres, les plus faibles, les plus petits, ceux que Matthieu décrit dans le jugement final sur la charité : celui qui a faim, soif, celui qui est étranger, nu, malade, en prison (Mt 25, 31-46). Seul celui qui sert avec amour sait protéger ! ». Avant de recevoir les représentants de trente Églises chrétiennes, il a fait enlever le trône papal et l'a remplacé par un simple siège. Il les a reçus en tant qu'évêque de Rome et s'est présenté comme le « serviteur des serviteurs », soulignant le primat de la charité de l'Église de Rome.

Tout au long de sa vie, le Père Bergoglio a lutté contre lui-même pour être proche de Jésus. Il l'a cherché dans le visage des pauvres, des malades, des pécheurs, des détenus, de ceux qui sont loin ou désespérés. En rencontrant la souffrance, la douleur, le désespoir, la Croix, le Père Bergoglio revit la passion de Jésus et, en contemplant et soignant ses blessures, il nourrit l'espérance et fortifie la foi dans la certitude que le sang du Christ continue de laver les péchés de tous. C'est une sorte d'Eucharistie vécue quotidiennement dans le soin plein de compassion des corps et des âmes. La façon dont le Père Bergoglio pratique la prière est impressionnante. Il se réveille à quatre heures du matin et a tendance à ne jamais se coucher après vingt-trois heures. Dans sa prière du matin, tel un ascète, il se présente au Seigneur dans un total abandon, dans une « remise inconditionnelle de lui-même », a-t-il confié. C'est dans cet esprit qu'il s'agenouille devant le tabernacle et se remet entre les mains du Seigneur. C'est dans la prière et la contemplation qu'il dialogue avec le Seigneur, qu'il l'interroge et qu'il écoute. « Regarder Dieu, mais surtout se sentir regardé par lui », a-t-il raconté, « c'est là le moment le plus intense ».

Dans le livre-interview des deux journalistes argentins, il raconte qu'il vit cette contemplation avec une intensité particulière, plus grande que lorsqu'il prie les psaumes, le chapelet ou quand il célèbre l'Eucharistie. « Parfois, a-t-il écrit, je me sens comme dans les mains d'un autre, comme si Dieu me tenait par la main ». Grâce à cette vie mystique, où il se vide pour servir le Seigneur, le pape François se remplit de Dieu et acquiert la docilité, l'énergie, la force et l'enthousiasme pour aller témoigner de Jésus dans les lieux les plus éloignés et désespérés. Il renouvelle dans son cœur son désir d'être un miroir de la miséricorde de Dieu. « Comme la lune avec la lumière du soleil », aime-t-il répéter. À ce propos, le dimanche 7 avril, jour de la fête de la miséricorde, à l'occasion de son installation sur la chaire de l'évêque de Rome, il a expliqué que nous avons tous été guéris par les plaies de Jésus et il a raconté ceci : « Dans ma vie personnelle, j'ai vu si souvent le visage miséricordieux de Dieu et sa patience ; j'ai vu aussi, chez tant de personnes, le courage d'entrer dans les plaies de Jésus en lui disant : Seigneur, me voici, accepte ma pauvreté, cache mon péché dans tes plaies, lave-le par ton sang. Et j'ai toujours vu que Dieu l'a fait, qu'il a accueilli, consolé, lavé, aimé ».

Au Collège des cardinaux qu'il a rencontré le 15 mars, le pape François a adressé une invitation à ne pas céder au pessimisme : « Ne cédons jamais au pessimisme et à l'amertume que le diable nous offre chaque jour, ni au découragement » a souligné le pape, parce que « nous avons la ferme certitude que l'Esprit-Saint continue d'être à l'œuvre et nous cherchons de nouvelles méthodes pour annoncer l'Évangile ». Le dimanche 7 avril, lors du Regina Coeli, le pape a invité tous les fidèles du monde à ne pas avoir peur d'être chrétiens et de vivre en chrétiens ». « L'Église, a-t-il expliqué, est envoyée par le Christ ressuscité pour transmettre aux hommes la rémission des péchés et faire ainsi grandir le royaume de l'amour, semer la paix dans les cœurs, pour que celle-ci soit plus solide aussi dans nos relations, dans nos sociétés, dans nos institutions ». C'est pourquoi, a-t-il conclu, « ayons nous aussi davantage de courage pour témoigner de notre foi dans le Christ ressuscité : nous ne devons pas avoir peur d'être chrétiens et de vivre en chrétiens ! ». À l'audience générale du 10 avril, il a continué à expliquer que « être chrétiens ne se réduit pas à suivre des commandements, mais cela veut dire être dans le Christ, penser comme lui, agir comme lui, aimer comme lui ; et le laisser prendre possession de notre vie pour qu'il la change, la transforme, la libère des ténèbres du mal et du péché ». Selon le pape François, « à ceux qui nous demandent raison de l'espérance qui est en nous, nous devons répondre surtout par notre vie de ressuscités », montrant « la joie d'être des enfants de Dieu, la liberté que nous donne la vie dans le Christ, qui est la vraie liberté, qui libère de l'esclavage du mal, du péché et de la mort ». Pour l'évêque de Rome, « ceci est un service précieux que nous devons rendre à notre monde qui, souvent, ne réussit plus à élever le regard vers le haut, vers Dieu ».

Le pape François exprime une idée joyeuse et libre de l'identité chrétienne. Pour atteindre cette liberté sereine, il propose un chemin de purification de la vanité et de l'orgueil. C'est pour cela qu'il invite les croyants et l'Église à aller là où le mal empoisonne les personnes et fait des victimes. Il propose d'assister, de soigner, consoler, réjouir, aimer ceux qui sont les derniers, les étrangers, les détenus, les pécheurs, en témoignant de la passion du Christ qui, par son sacrifice sur la croix, a sauvé tous les hommes. Il propose de travailler à l'économie du salut qui passe par le partage de la Croix. Pour cette raison, le pape François est allergique à tout ce qui peut paraître un privilège. Il est profondément convaincu que la voie du salut passe par le service des autres, en gardant bien à l'esprit ce que Jésus dit dans l'Évangile (Mt 25,34-40) : « *Venez, les bénis de mon Père, recevez en héritage le Royaume qui vous a été préparé depuis la fondation du monde. Car j'ai eu faim et vous m'avez donné à manger, j'ai eu soif et vous m'avez donné à boire, j'étais un étranger et vous m'avez accueilli, nu et vous m'avez vêtu, malade et vous m'avez visité, prisonnier et vous êtes venus me voir.* » Et quand les disciples répondent qu'ils ne se souvenaient pas d'avoir accompli de telles actions, Jésus leur dit : « *dans la mesure où vous l'avez fait à l'un de ces plus petits de mes frères, c'est à moi que vous l'avez fait.* »

6

Les « préféré » de l'homme Bergoglio

Le monde entier se demande qui est vraiment le pape François. Son témoignage humain et spirituel est impressionnant : c'est un authentique apôtre du Christ, tout en étant extrêmement humain. Dans ce contexte, il est intéressant de découvrir quels sont les films, les livres, les œuvres d'art, la musique préférés du nouveau pape.

Jorge Mario Bergoglio compte parmi ses films de prédilection, le *Festin de Babette*, vainqueur en 1987 de l'Oscar du meilleur film étranger. Aux deux journalistes argentins, Sergio Rubin et Francesca Ambrogetti, il explique que dans le film « on voit un cas typique d'exagération des limites négatives. Les protagonistes du film appartiennent à un monde calviniste et puritain tellement austère que même la rédemption du Christ est vue comme une négation des choses de ce monde. Le passage d'un souffle de liberté, constitué par un repas somptueux, les transforme tous. C'était une communauté qui ne savait pas ce qu'était le bonheur. Elle vivait accablée par la douleur. Elle restait attachée à un semblant de vie. Elle avait peur de l'amour ». Mis en scène et dirigé par Gabriel Axel et tiré du récit homonyme de Karen

Blixen, le film a obtenu la mention spéciale du jury œcuménique au quarantième Festival de Cannes.

Bergoglio aime les films interprétés par Tita Morello, actrice de cinéma, chanteuse et danseuse argentine. Il connaît et apprécie aussi le néoréalisme italien : il raconte que, grâce à ses parents, il n'a pas manqué un seul film d'Anna Magnani et Aldo Fabrizi. Parmi les films argentins, il considère comme une œuvre maîtresse *Los Isleros*, dirigé par Luce Demare. Il trouve aussi amusant *Esperando la Carroza*.

Pour ce qui est de la littérature, le pape François est un amoureux de la *Divine comédie*. Dante Alighieri est son poète préféré, au point que, lorsqu'il enseignait la littérature, il a donné des leçons passionnées sur la *Comédie*. Un autre livre qu'il aime beaucoup est les *Fiancés*, d'Alessandro Manzoni : il a confessé un jour qu'il avait lu au moins quatre fois les deux œuvres, la *Divine comédie* et les *Fiancés*. Étant donné ses origines, le pape semble bien connaître l'histoire et la littérature italiennes. Parmi les poètes, le pape François a un faible pour l'allemand Johann Christian Friedrich Hörderlin, considéré comme l'un des plus grands de la littérature mondiale. À diverses occasions, il a exprimé son enthousiasme aussi pour Fëdor Dostoïevski, John Ronald Reuel Tolkien, Leopoldo Marechal et Jorge Luis Borges. Quelqu'un ayant accusé ce dernier d'avoir été agnostique, le Père Bergoglio répondit : « Oui, un agnostique qui récitait tous les soirs le Notre Père, parce qu'il l'avait promis à sa mère, et qui est mort muni des sacrements de l'Église ».

Le pape, par ailleurs, est un grand amateur et connaisseur de musique, pas uniquement classique. Son auteur préféré est Ludwig van Beethoven, l'œuvre qu'il préfère étant l'ouverture numéro 3 de *Leonore* op. 72, dans la version dirigée par Wilhelm Furtwängler. Passionné de tango, le Père Bergoglio en connaît les différentes périodes. Parmi ceux des premiers temps, il apprécie l'orchestre D'Arienzo et les chanteurs Carlos Gardel, Julio Sosa et Ada Falcon, qui est devenue religieuse par la suite. Il a administré l'extrême-onction à la chanteuse et compositrice Azucena Maizani. Il sait danser le tango, mais il préfère la milonga.

En ce qui concerne l'art, le tableau qui a sa préférence est la *Crucifixion blanche* de Marc Chagall, dans lequel le Christ crucifié porte à son côté le talit, le châle de la prière juive. Dans un article publié par ZENIT (www.zenit.org/it/articles/per-chagall-la-crocifissione-e-simbolo-del-popolo-ebraico), Tanja Schultz raconte que la peinture à l'huile, conservée à l'Institut d'art de Chicago, « est l'une des œuvres les plus discutées de l'artiste russe. Étant né et ayant grandi dans une famille juive orthodoxe (son vrai nom était Moishe Segal, un nom lévite, acronyme de Segan Levi, qui signifie « assistant lévite »), Chagall a souvent abordé dans ses œuvres le rapport entre juifs et chrétiens. (...) Ce qui a poussé l'artiste à exécuter ce tableau fut la brutale « Nuit de cristal » (Kristallnacht), en novembre 1938, lorsque commença la persécution des juifs en Allemagne. Chagall aurait exprimé ainsi son horreur devant les épisodes qui étaient en train de se passer, réalisant un document bouleversant de cette époque (...). Aux pieds du Christ, le chandelier juif – la menorah – est éclairé par un rayon de soleil provenant du ciel. La position de la menorah près de la croix et le rayon de lumière sont interprétés comme un hommage de Chagall au Sauveur. Un large rayon de lumière blanche descend d'en haut sur le crucifix. Dans d'autres œuvres de Chagall, la lumière transcendante caractérise certains prophètes juifs, comme Moïse et Élie. Ceci laisse entendre que Chagall mettait le Christ au même niveau que les prophètes vénérés par les juifs. Plus important encore est son message selon lequel, dans le Crucifié, le martyre du peuple juif a été accepté par Dieu. Pour Chagall, la crucifixion de Jésus devient un symbole du peuple juif ! Le Christ a les yeux entrouverts : il semble endormi sur la croix et, bien qu'il ait les mains et les pieds en sang, il n'a pas l'air de souffrir. Il ne perçoit pas la souffrance et la destruction qui l'entourent. La grande échelle appuyée contre la croix est interprétée par certains comme une invitation à descendre de la croix, pour mettre fin à la violence et à la souffrance. Certains vont au-delà et y lisent, avant tout, une critique de ce qu'aurait été une attitude passive de l'Église pendant la période nazie. Autour du Crucifié, le monde est en émoi. Un monde déchiré par les révoltes, les pillages, les incendies, les homicides, la destruction et l'expulsion forcée de personnes. Sur la droite, des flammes s'échappent d'une synagogue détruite. Un homme en uniforme et chaussé de bottes noires, un nazi fou furieux, le visage sanguin plein de haine, vient juste de mettre le feu à la tente du temple. Sur la route, un lampadaire détruit git à terre ainsi qu'un siège renversé, sur lequel, autrefois, s'asseyaient les fidèles pieux, se balançant au rythme de la prière et cherchant la consolation divine. L'arche est brisée, une fumée grise s'élève d'un rouleau de la Torah en train de brûler. Des livres de prière ont été jetés dans la boue. Certaines pages sont baignées de larmes. Un vieux juif, un sac sur les épaules, typique du réfugié, cherche à échapper et semble carrément vouloir sortir du cadre. Une barque surchargée de réfugiés désespérés est ballottée sur les flots, sans but et sans espoir de trouver un port sûr, un port d'accueil. À côté, on aperçoit les habitants d'un village détruit. Dans le fond, s'avancent des combattants de l'Armée rouge. Un homme, une grande pancarte blanche pesant à son cou, stigmatisé comme juif, vacille, humilié, les bras en l'air. Les seuls qui pleurent tant de souffrances sont un groupe de vieux juifs, qui ressemblent à des anges dans le ciel. »

Dans son article, Tanja Schulz rappelle aussi que Chagall s'est plaint des critiques juifs et a déclaré : « Ils n'ont jamais compris qui était vraiment ce Jésus. C'était l'un de nos rabbins les plus remplis d'amour, qui secourait toujours les plus démunis et ceux qui étaient persécutés. Ils lui ont attribué trop de marques de souverain. On l'a considéré comme un prédicateur aux règles fortes. Pour moi, il est l'archétype du martyre juif de tous les temps ». Pour le Père Bergoglio, la « *Crucifixion blanche* de Chagall n'est pas cruelle mais riche d'espérance. Elle exprime une douleur pleine de sérénité. Pour moi, c'est une des plus belles œuvres que Chagall ait jamais peintes ».

L'élection au seuil pontifical du pape François a suscité aussi la sympathie de tous les passionnés de football, en particulier les footballeurs argentins qui jouent pour d'autres pays et les supporters de la Roma dont le capitaine est Francesco Totti. La passion de l'archevêque de Buenos Aires pour le football est bien connue, en effet. Le pape François est un supporter du San Lorenzo de Almagro, club de football du quartier Boedo de Buenos Aires, une équipe de foot que Lorenzo Massa, prêtre salésien, a hébergée dans la salle de patronage de sa paroisse à Calle Mexico. On raconte que, tout en mettant à leur disposition la salle du patronage, don Lorenzo avait persuadé les jeunes de suivre la messe tous les dimanches. Lors de sa fondation, le 1er avril 1908, en l'honneur du Père Lorenzo et de ce quartier, on décida d'appeler San Lorenzo de Almagro. Le Saint Laurent a gagné deux championnats argentins en 1933 et en 1946. Parmi les joueurs ayant appartenu à ce club, les plus connus sont Ezequiel Ivan Lavezzi et Diego Pablo Simeone. Dans le livre-interview de Sergio Rubin et Francesco Ambrogetti, le Père Bergoglio raconte que lorsqu'il était jeune, il allait au stade avec toute sa famille et que, en 1946, le San Lorenzo a remporté un championnat extraordinaire. Le futur pape parle d'un goal de Pontoni qui « méritait presque le Prix Nobel ». A l'occasion de son centenaire, en 2008, le club a donné au cardinal Jorge Mario Bergoglio un maillot et une plaque commémorative. L'archevêque de Buenos Aires a célébré de nombreuses messes dans la chapelle du San Lorenzo.

Le capitaine de l'Inter de Milan, l'Argentin Javier Zanetti, a déclaré que le nouveau pape était « un pape très humble, qui a toujours vécu aux côtés de notre peuple, à Buenos Aires : j'espère, a-t-il ajouté, le connaître bientôt. J'ai eu la chance de rencontrer le pape Ratzinger et maintenant j'espère avoir l'occasion de connaître le nouveau pape, mon compatriote : ce serait une immense émotion pour moi et pour toute ma famille ». Diego Armando Maradona, qui fait partie des joueurs de football les plus connus d'Argentine, a dit qu'il était heureux et a exprimé son désir de pouvoir être reçu en audience. Et Sergio Aguero, attaquant de l'Albiceleste et du Manchester City a déclaré : « El papa es Argentino, que orgullo ! Bergoglio Papa Francesco » : « Le pape est argentin, quelle fierté ! Bergoglio le pape François ». Quant au gardien de but du Catania, Mariano Andujar, il a ajouté : « Je suis très ému, j'ai entendu tous mes coéquipiers et d'autres compatriotes et nous éprouvons tous une grande fierté pour ce pape argentin. Nous espérons, comme il l'a dit, qu'il parviendra à entraîner tout le monde sur la voie de la fraternité ». Lionel Messi, qui a reçu plusieurs fois le Ballon d'or, a envoyé au pape François le maillot numéro dix du FC Barcelone avec sa signature et une dédicace : « Con mucho carino », ce qui veut dire « Avec beaucoup d'affection ». Lors de l'audience générale du 10 avril, le pape a salué, parmi les fidèles présents, certains représentants de l'équipe de football du Saint Laurent, connue sous le nom de El Ciclón (le Cyclone). « Je salue cordialement le groupe du club athlétique San Lorenzo de Almagro, de Buenos Aires. C'est très important ! », a-t-il dit en souriant. À l'issue de l'audience, le pape François a reçu Matias Lammens, le président du San Lorenzo, qui lui a remis un maillot avec le nom de Bergoglio, un livre rappelant l'histoire du club et l'étole de don Lorenzo Massa, le fondateur de l'équipe. Le pape François a remercié aussi pour la belle lettre qu'il avait reçue à l'occasion de son élection. Dans sa réponse, envoyée le 20 mars, le pape avait écrit : « Je vous demande de cultiver l'amitié avec Jésus, le véritable ami que vous aurez toujours avec vous, dans les bons moments comme au cœur des difficultés (…). Il prendra soin de vous et de vos familles pour que vous ayez la force d'affronter les défis qui se présentent chaque jour, pas seulement dans le domaine sportif. Il n'y a pas de plus grande gloire que de bien faire toute chose, pour l'amour de Dieu et de ceux qui nous entourent, encourageant toujours une saine compétition, la fraternité et le respect mutuel ». « Avec ces sentiments, a conclu le pape, « je vous demande de prier pour moi et j'accorde avec affection la bénédiction apostolique, que j'étends de tout cœur à tous les dirigeants, au personnel technique, aux joueurs et à tout le peuple rouge-bleu ». Visiblement content de cette rencontre, le pape François s'est ensuite entretenu avec les délégués du San Lorenzo, leur donnant même des conseils tactiques. Dans les jours qui suivirent, on a entendu dire qu'un des désirs du pape serait d'aller au stade assister à une partie de football. Il est convaincu que ce geste pourrait apporter le message chrétien ainsi que la paix à l'intérieur de « groupes de supporters » exaspérés et agressifs.

7

La renonciation

À Rome, le 11 février était une journée froide et sans soleil. À cette date, l'Église célèbre la mémoire de l'apparition de Marie à Lourdes et Jean-Paul II a voulu en faire la Journée mondiale des malades. En Italie, la semaine s'annonçait pourtant frénétique, avec les nombreuses préoccupations pour la situation économique, le destin du gouvernement et le résultat des élections politiques imminentes, mais personne ne pouvait imaginer ce qui allait se passer.

Peu avant dix heures, Sergio Mora, le correspondant de ZENIT pour l'édition en langue espagnole, m'appelle de la salle de presse vaticane et me dit : « Antonio, des rumeurs crédibles parlent de la démission du pape ». La nouvelle me semblait invraisemblable, mais Sergio est une personne sérieuse, fiable, experte et en effet, vingt minutes plus tard, j'étais débordé par les appels téléphoniques et les messages qui affluaient sur mon portable. Au cours du Consistoire qui réunissait les cardinaux autour du pape Benoît XVI pour donner le feu vert à trois canonisations, celui-ci avait annoncé personnellement sa renonciation au pontificat. « Je vous ai convoqués à ce Consistoire non seulement pour les trois canonisations », a déclaré Benoît XVI, « mais aussi pour vous faire part d'une décision de grande importance pour la vie de l'Église. Après avoir examiné ma conscience devant Dieu, à diverses reprises, je suis parvenu à la certitude que mes forces, en raison de l'avancement de mon âge, ne sont plus aptes à exercer adéquatement le ministère pétrinien ». Le plus visionnaire des dramaturges, des metteurs en scène ou des auteurs de romans policiers n'aurait pas pu imaginer un pareil coup de théâtre. Tous les journaux télévisés et toutes les émissions radiophoniques - y compris celles du lundi qui commentent les résultats des matchs de football - ont interrompu leurs programmes pour annoncer la « démission » du pape. Ma femme m'a appelé de l'école où elle enseigne pour me demander : « Antonio, que se passe-t-il ? Mes collègues, mêmes celles qui ne sont pas croyantes, sont effarées. Si même le pape démissionne, c'est bientôt la fin du monde ! ».

La nouvelle s'est diffusée immédiatement par voie hertzienne et sur les réseaux sociaux. Tandis que tous les journalistes se précipitaient vers la salle de presse du Vatican, sur le reste de la planète, les envoyés spéciaux des diverses rédactions achetaient leurs billets d'avion pour arriver au plus vite à Rome. En quelques heures, tous les médias du monde avaient les yeux fixés sur Rome. Au moment du briefing convoqué par le Père Federico Lombardi, la salle de presse du Vatican ne suffisait pas à contenir tous les journalistes déjà arrivés. « Le pape nous a pris un peu de court », a-t-il reconnu. « Cela a été une décision personnelle profonde, prise dans la prière devant le Seigneur, de qui il a reçu la mission qu'il est en train d'accomplir », a-t-il ajouté. Le directeur de la salle de presse vaticane a exclu toute hypothèse de complot et a expliqué que le pape Benoît XVI « a observé en lui une baisse de vigueur ces derniers mois » et donc « un déséquilibre entre les tâches à affronter et les forces qu'il sent à sa disposition ». Quand au caractère extraordinaire de cette renonciation, le Père Lombardi a dit que, même s'il s'agit d'un événement qui ne s'est pas produit depuis des siècles, il est « dans la ligne du canon 332 du Code de droit canon ».

En annonçant sa démission, Benoît XVI s'est expliqué : « Je suis bien conscient que ce ministère, de par son essence spirituelle, doit être accompli non seulement par les œuvres et par la parole, mais aussi, et pas moins, par la souffrance et par la prière. Cependant, dans le monde d'aujourd'hui, sujet à de rapides changements et agité par des questions de grande importance pour la vie de la foi, pour gouverner la barque de saint Pierre et

annoncer l'Évangile, la vigueur du corps et de l'esprit est aussi nécessaire, vigueur qui, ces derniers mois, s'est amoindrie en moi d'une telle manière que je dois reconnaître mon incapacité à bien administrer le ministère qui m'a été confié.».
« C'est pourquoi, a souligné le pape Ratzinger, bien conscient de la gravité de cet acte, en pleine liberté, je déclare renoncer au ministère d'Évêque de Rome, Successeur de saint Pierre, qui m'a été confié par les mains des cardinaux le 19 avril 2005, de telle sorte que, à partir du 28 février 2013 à vingt heures, le Siège de Rome, le Siège de saint Pierre, sera vacant et le conclave pour l'élection du nouveau Souverain Pontife devra être convoqué par ceux à qui il appartient de le faire. ».

Conjectures, hypothèses, conspirations, affirmations gratuites, thèses millénaristes, rumeurs de conflits internes persistants circulaient déjà dans l'après-midi. Rome et le monde entier ont été effarés, sans voix, effrayés par la décision annoncée par Benoît XVI. Une renonciation au pontificat qui a éveillé une curiosité morbide dans le monde et dans la presse et soulevé mille questions : pourquoi l'a-t-il fait ? Est-ce qu'on l'y a obligé ? Est-ce qu'il va mal, ou est-ce que l'Église va mal, ou tous les deux ? Il n'y arrive plus ? Que va-t-il se passer maintenant ? Qui aura la force de reprendre le témoin ? Sur la toile, mille jugements : il n'aurait pas dû ; il aurait dû rester jusqu'au bout, comme Jean-Paul II.

Dans la Curie, surtout parmi les plus fidèles du pape Ratzinger, on ne voulait pas y croire. L'un d'eux m'a raconté que « lorsqu'il était préfet de la Congrégation pour la doctrine de la foi, Ratzinger avait convaincu Wojtyla de rester jusqu'au bout, et maintenant au contraire... ».

Parmi les vaticanistes, certains savaient depuis longtemps que Ratzinger avait l'intention de donner sa démission mais personne ne croyait vraiment qu'il le ferait. Par ce geste, Benoît XVI a provoqué un choc terrible à l'institution deux fois millénaire de l'Église. Les deux dernières semaines de son pontificat se sont déroulées dans un contexte surréaliste. D'un côté la tristesse, la mélancolie des fidèles ; de l'autres, les médias qui continuaient à émettre des doutes et à dénoncer des scandales. Les institutions ecclésiastiques étaient dans l'incertitude sur ce qu'elles avaient à faire, tandis que se déchaînait le « totopapa ». Les mieux informés de la scène vaticane tentaient de dresser un bilan du pontificat de Benoît XVI. Dès son élection, Joseph Ratzinger avait été décrit comme un gardien sévère de l'orthodoxie, un vieux conservateur rigide de la structure ; en réalité, en huit années de pontificat, le pape Benoît XVI a accompli une œuvre de réforme, de renouveau et de refondation de l'Église qui a quelque chose de révolutionnaire. Il n'était pas encore pape lorsqu'il a déclaré, dans sa méditation de la neuvième station du Chemin de croix de 2005 : « Que peut nous dire la troisième chute de Jésus sous le poids de la croix ? Peut-être nous fait-elle penser plus généralement à la chute de l'homme, au fait que beaucoup s'éloignent du Christ, dans une dérive vers un sécularisme sans Dieu ». Ce n'était pas une réflexion en dehors du temps ; en effet, il souligna : « Mais ne devons-nous pas penser également à ce que le Christ doit souffrir dans son Église elle-même ? Combien de fois abusons-nous du Saint-Sacrement de sa présence, dans quel cœur vide et mauvais entre-t-il souvent ! Combien de fois ne célébrons-nous que nous-mêmes, et ne prenons-nous même pas conscience de sa présence ! Combien de fois sa Parole est-elle déformée et galvaudée ! Quel manque de foi dans de très nombreuses théories, combien de paroles creuses ! Que de souillures dans l'Église, et particulièrement parmi ceux qui, dans le sacerdoce, devraient lui appartenir totalement ! Combien d'orgueil et d'autosuffisance ! Que de manques d'attention au sacrement de la réconciliation, où le Christ nous attend pour nous relever de nos chutes ! Tout cela est présent dans sa passion. La trahison des disciples, la réception indigne de son Corps et de son Sang sont certainement les plus grandes souffrances du Rédempteur, celles qui lui transpercent le cœur. Il ne nous reste plus qu'à lui adresser, du plus profond de notre âme, ce cri : Kyrie eleison, Seigneur, sauve-nous (Mt 8,25) ». Le courage et la force de ces paroles ont convaincu les cardinaux et l'Esprit-Saint au point d'élire pape le cardinal Joseph Ratzinger, qui prit le nom de Benoît XVI.

Il a immédiatement rejeté la tentation de gérer un pontificat de transition, à une période où il aurait dû faire uniquement en sorte que la barque de Pierre ne s'enfonce pas devant les difficultés externes et internes qui s'intensifiaient. Malgré la fragilité de sa santé et le poids des ans, il a accepté dans la joie et la foi la charge de renouveler l'Église, en la poussant vers une nouvelle évangélisation. Il connaissait les difficultés qu'il allait rencontrer. Lorsqu'il est apparu pour la première fois à la loggia de la basilique Saint-Pierre, il s'est présenté comme « un humble travailleur dans la vigne du Seigneur ». Bien peu ont compris. La première œuvre que le travailleur dans la vigne a réalisée est l'élagage. Comme l'a raconté Mgr Mighel Maury Buendia, nonce au Kirghizistan et au Tadjikistan, dans une interview à *EWTN News*, Benoît XVI « a fait le ménage dans l'épiscopat. Il a renvoyé deux ou trois évêques par mois dans le monde entier, parce que leur diocèse était dans une véritable confusion ou que leur discipline était un désastre. Les nonces en poste allaient voir l'évêque pour lui dire : « Pour le bien de l'Église, le Saint-Père vous demande de donner votre démission ». À l'arrivée du nonce, presque tous les évêques reconnaissaient le désastre et acceptaient de démissionner. Dans seulement deux ou trois cas, les évêques ont refusé et le pape a simplement dû les destituer. Et c'est aussi un message pour les évêques : faites la même chose dans votre diocèse ». Cet élagage était une tâche ardue. Dans son homélie, lors de sa première messe en tant que pape, Benoît XVI a demandé aux fidèles : « Ne me laissez pas seul... Priez pour moi, afin que je ne me dérobe pas, par peur, devant les loups ». Ces paroles qui semblaient fortes, nous sont revenues à l'esprit lorsqu'on a découvert que le majordome du pape photocopiait la correspondance privée du souverain pontife et la transmettait à des personnes qui ont ensuite utilisé les informations pour créer des scandales, des divisions, des peurs.

Mais ce serait une erreur de penser au pontificat de Benoît XVI comme à une simple œuvre de nettoyage de l'Église, fût-elle héroïque. Avec l'élagage de l'arbre deux fois millénaire de l'Église, Benoît XVI a soigné et fait pousser les racines comme les branches et les jeunes pousses. Il nous a régalé avec ses catéchèses hebdomadaires et avec ses livres et interventions, il a parlé avec courage et sagesse aux gouvernements de ce monde, il a cherché à recoudre les schismes avec les diverses dénominations chrétiennes en proposant des solutions éclairantes, il a soutenu les laïcs et les mouvement ecclésiaux, il a encouragé les clercs et les religieux, suscité des vocations, conseillé sans se lasser la pratique de la confession et de la participation à l'Eucharistie ; il a enfin poussé l'Église tout entière à approfondir l'Année de la foi afin d'y trouver l'enthousiasme pour la nouvelle évangélisation. Conscient de la gravité du moment historique et de l'importance de l'Église catholique pour le monde, Benoît XVI s'est confié à la divine miséricorde, en assumant son rôle de pape émérite et en invoquant un Conclave pour l'élection du nouveau pape.

Si l'on essaie de se repasser le film de l'histoire, c'est seulement maintenant que l'on se rend compte du courage qu'a montré Benoît XVI en décidant de renoncer. Il aurait pu mener les dernières années de son pontificat en se consacrant aux études et à la catéchèse, comme le lui demandaient de nombreuses personnes à la Curie ; il a choisi, au contraire, de secouer l'Église par un geste éclatant et exemplaire, en expliquant que la mission chrétienne est plus importante que la personne du pape, et en prenant sur ses épaules tout le poids de la démission. Sans la renonciation de Benoît XVI, le pape François n'aurait jamais été élu.

2013 restera l'année des deux papes. Ce n'est pas la première fois dans l'histoire que l'Église se retrouve avec deux pontifes, mais jamais il n'y avait eu entre les deux papes une fraternité aussi profonde et commune. Dans leur rencontre du 23 mars, à Castelgandolfo, Benoît XVI et François se sont embrassés, se sont agenouillés sur le même banc pour prier ensemble, et ont exprimé leur communion dans la fidélité et le service rendu à Dieu et à l'Église. La photo des deux papes en prière côte à côte demeurera à jamais dans l'histoire du monde.

8

Avant et après le Conclave

Le mois qui s'est écoulé après la renonciation au pontificat de Benoît XVI, l'arrivée des cardinaux à Rome pour les Congrégations générales, le Conclave et l'élection du nouveau pontife resteront gravés de manière indélébile dans l'histoire du monde. Tout comme le fait, jamais vu au cours de l'histoire bimillénaire de l'Église, que les problèmes internes de la Curie et du Saint-Siège aient été discutés aussi ouvertement. Malgré un contexte envenimé par les scandales, les trahisons, les polémiques et une sécularisation avancée, l'Église catholique a donné la preuve de la plus grande transparence, fournissant chaque jour davantage d'informations sur le débat entre les cardinaux en vue du choix du nouveau pape. Les médias ont continué à alimenter les rumeurs, les doutes, les scandales, les trahisons, tandis que le Collège des cardinaux et les fidèles se montraient plus attentifs à la gravité du moment, nommant et analysant les problèmes, et cherchant le candidat capable de les résoudre. La grande majorité du peuple de Dieu a invoqué l'intervention de l'Esprit-Saint dans une prière intense.

Il est très important aussi de considérer les

conditions historiques et de voir comment les qualités de chaque candidat pouvaient être aptes à résoudre les problèmes les plus urgents du moment.

L'élection de Jean-Paul II a eu lieu précisément au moment de la plus grande expansion de l'idéologie et du pouvoir communiste dans le monde. L'élection de Benoît XVI s'est faite en une époque où était nécessaire une refondation interne de l'Église et de l'épiscopat. Après la renonciation de Benoît XVI, il est apparu évident que l'Église avait des problèmes nombreux et sérieux à résoudre, dont, avec une certaine urgence, le renouveau de la foi et la nécessité d'une nouvelle évangélisation. Ce n'est pas un hasard si Benoît XVI avait promulgué dès 2012 l'Année de la foi et de la nouvelle évangélisation. L'état actuel de l'Église catholique dans le monde présente un paradoxe entre ombres et lumières. Le paradoxe vient de l'Europe, continent de vieille évangélisation qui a apporté le christianisme au monde et qui a le plus grand nombre de cardinaux, d'évêques, d'églises, d'instituts religieux, etc., mais qui, en ce moment, est aussi le continent où les clercs sont les plus âgés et où le nombre de vocations ne parvient pas à remplacer les prêtres qui meurent ou qui ne sont plus en mesure d'assumer leur activité pastorale. L'Europe avait la majorité des cardinaux électeurs au Conclave, avec 61 représentants : l'Amérique du nord (États-Unis et Canada) en avait 14, l'Amérique latine 19, l'Afrique 11, l'Asie 10 et l'Océanie un seul. Mais les chiffres ne reflètent pas exactement la situation de l'Église catholique dans le monde, parce qu'il y a plus de cardinaux sur les continents où l'Église grandit le moins. L'Europe est le continent qui a le plus grand nombre de cardinaux électeurs, exactement 61, mais c'est celui qui voit depuis des années la chute continuelle du nombre de vocations, au point que les activités de nombreuses paroisses sont maintenues grâce aux prêtres provenant d'Amérique latine, d'Afrique et d'Asie. D'après les données publiées par le dernier annuaire statistique de l'Église (mis à jour le 31 décembre 2010), (www.fides.org/aree/news/newsdet.php?idnews=40065&lan=ita), le nombre de nouveaux prêtres a diminué en Europe, par rapport à 2009, de 905 points, alors qu'il augmente en Afrique (+761), en Amérique (+40), en Asie (+1695) et en Océanie (+52). Dans les petits séminaires, diocésains et religieux, les chiffres augmentent en Afrique (+213) et en Asie (+400), tandis qu'ils diminuent en Amérique (-1033), en Europe (-1206) et en Océanie (-57). La tendance est la même pour les grands séminaires : ils augmentent en Afrique (+752), en Asie (+513) et en Amérique (+29) mais ils diminuent en Europe (-282) ; en Océanie, le chiffre est stable. Ceci signifie que, pour maintenir les structures ecclésiales, l'Europe a besoin de prêtres et de religieux venant des autres continents.

La situation de l'Europe paraît dramatique si l'on regarde l'âge moyen des clercs et des religieux. Dans certains pays d'Europe du nord, le rapport est de 2 prêtres d'environ moins de 30 ans, pour 20 au-dessus de 70 ans, c'est-à-dire un rapport d'un jeune pour dix prêtres âgés. Il arrive que, privées de prêtres, de nombreuses églises ou institutions ecclésiastiques soient transformées en musées ou finissent par être vendues, avec le risque grave que soit dispersé le patrimoine artistique et spirituel de communautés, de nations et de pays entiers.

L'Église paie la crise démographique de l'Europe ainsi que la décadence d'une société civile qui, plutôt que d'encourager les naissances et favoriser les mariages naturels, semble beaucoup plus attentive aux droits des couples homosexuels et à leurs demandes d'adoption. Les nouvelles générations de jeunes européens semblent bien intentionnées sur le plan moral mais il faudra du temps avant de réussir à combler l'écart qui s'est créé entre la génération du « baby boom » (les années cinquante) et celle de 68. La crise de l'Europe a été clairement diagnostiquée par les cardinaux électeurs qui ont élu pour la première fois dans l'histoire un pape venant d'Amérique latine.

L'autre urgence très débattue par les cardinaux avant le Conclave était celle de la nouvelle évangélisation. Des analyses approfondies ont été menées sur les raisons pour lesquelles l'Église ne réussit pas à changer de vitesse dans ses activités de nouvelle évangélisation, avec beaucoup de bonne volonté mais peu d'élan. Un autre thème au centre du débat est la réforme de la Curie, devenue pour certains une structure trop bureaucratique, coûteuse et encombrante. Et c'est précisément sur les questions de la nouvelle évangélisation et de la réforme de la Curie que le cardinal Jorge Mario Bergoglio est intervenu. Normalement, les interventions des cardinaux présents aux Congrégations générales ne sont pas publiques, mais la publication de celle de l'archevêque de Buenos Aires a été autorisée. Le samedi matin 23 mars, dans l'homélie qu'il a prononcée lors de sa première messe célébrée à Cuba après plusieurs semaines d'absence pour l'élection du nouveau pape, le cardinal Jaime Ortega a révélé les paroles que le cardinal Jorge Mario Bergoglio avait adressées à la Congrégation générale des cardinaux avant l'entrée en Conclave. L'archevêque de La Havane a raconté que le cardinal Bergoglio avait fait un discours « magistral, perspicace, engagé et vrai », suscitant l'admiration de ceux qui l'écoutaient. Le cardinal Ortega a été tellement frappé par ce qu'il avait entendu qu'il a demandé à

Bergoglio s'il pouvait avoir le texte. L'archevêque de Buenos Aires lui a répondu qu'il n'avait mis par écrit que quelques points, mais le lendemain matin, il lui a remis une feuille sur laquelle il avait reconstruit les passages de son intervention, tels qu'il s'en souvenait. Le cardinal cubain lui a demandé l'autorisation de la publier avant le Conclave, et il l'a obtenue. Mais une fois l'archevêque de Buenos Aires devenu pape, le cardinal lui a demandé s'il pouvait encore publier le texte et le pape lui a confirmé qu'il pouvait le faire. C'est ainsi que la revue de l'archidiocèse de La Havane, *Palabra Nueva*, dirigée par Orlando Marquez, a publié une transcription du manuscrit remis par le cardinal Jorge Mario Bergoglio au cardinal Ortega. Le futur pape s'était inspiré de l'exhortation de Paul VI à la « douce et réconfortante joie d'évangéliser » et il soulignait : « Nous avons parlé de la nouvelle évangélisation. C'est la raison d'être de l'Église. C'est Jésus lui-même qui nous pousse de l'intérieur ».

L'archevêque de Buenos Aires a développé son intervention en quatre points. Dans le premier, il affirme que « l'évangélisation suppose le zèle apostolique. Évangéliser suppose, dans l'Église, la *parresia* (le témoignage, ndlr) d'elle-même. L'Église est appelée à sortir d'elle-même et à aller dans les périphéries, non seulement géographiques mais aussi existentielles : là où loge le mystère du péché, la souffrance, l'injustice, l'ignorance, là où l'on méprise les religieux, la pensée, et là où se trouvent toutes les misères ». Dans le deuxième point, le Père Bergoglio indique les maux de l'Église : « Quand l'Église ne sort pas pour évangéliser », affirme-t-il, « elle devient autoréférentielle et elle tombe malade, comme la femme courbée repliée sur elle-même, dont parle l'Évangile de Luc (13,10-17) ». « Les maux qui, avec le temps, frappent les institutions ecclésiastiques », souligne-t-il, « sont l'autoréférentialité et une forme de narcissisme théologique. Dans l'Apocalypse, Jésus dit qu'il est la porte et qu'il frappe. Dans le texte, il est évident qu'il frappe à la porte de l'extérieur pour entrer... Mais je pense aux moments où Jésus frappe de l'intérieur pour qu'on le laisse sortir. L'Église autoréférentielle a la prétention de garder le Christ à l'intérieur d'elle-même et ne le laisse pas sortir ». Dans son troisième point, il ajoute : « Lorsque l'Église devient autoréférentielle, elle croit involontairement qu'elle a sa propre lumière. Ce n'est plus la certitude de regarder le *mysterium lunae* (c'est-à-dire la lumière du soleil reflétée par la lune qui illumine la nuit), mais au contraire elle s'achemine vers un mal très grave, qui est la mondanité spirituelle ». Le cardinal et théologien français Henri-Marie de Lubac la considérait comme « le pire des maux qui puissent arriver à l'Église ». C'est une Église, a fait observer le Père Bergoglio, qui « vit pour rendre gloire à ceux qui la composent ». En d'autres termes, il existe deux images de l'Église : l'Église qui évangélise en répandant le *Dei Verbum religiose audiens et fidenter proclamans*, c'est-à-dire la Parole de Dieu écoutée et proclamée avec foi, et l'Église mondaine qui vit en elle-même et pour elle-même ». Le cardinal Bergoglio a ajouté que « cette analyse devrait faire la lumière sur les changements et les réformes qui doivent être faites pour le salut des âmes ». « Si l'on pense au prochain pape, a-t-il conclu, il faut un homme qui, en partant de la contemplation et de l'adoration de Jésus-Christ, aide l'Église à sortir d'elle-même pour aller vers les périphéries existentielles de l'humanité, afin de devenir une mère capable de donner naissance à « la joie douce et réconfortante d'évangéliser » ». C'est là une intervention forte, lucide, courageuse et qui va à l'essentiel. Et il est évident que le Père Bergoglio l'a conçue avec beaucoup d'humilité et de passion, sans imaginer le moins du monde qu'il serait élu. Le soir de son élection, lors du dîner avec les autres cardinaux, il aurait dit à ses confrères : « Que Dieu vous pardonne ce que vous avez fait ! ».

Pour résumer, le cardinal Bergoglio a dit des choses que beaucoup savaient déjà mais que personne n'avait eu le courage de dire publiquement. C'est une dénonciation explicite de l'autoréférentialité, de la mondanité spirituelle, du narcissisme théologique. L'archevêque de Buenos Aires a expliqué qu'il n'y aurait pas d'évangélisation si l'on ne laissait pas sortir le Christ des Églises pour le porter dans les périphéries existentielles et spirituelles du monde : une intervention très forte que Bergoglio a reprise à peine élu pape. Lors de sa première messe dans la chapelle Sixtine, il a dit : « Lorsque nous marchons sans la Croix, lorsque nous bâtissons sans la Croix et lorsque nous confessons un Christ sans Croix, nous ne sommes pas des disciples du Seigneur : nous sommes mondains, nous sommes prêtres, évêques, cardinaux, papes, mais nous ne sommes pas des disciples du Seigneur ». À la rencontre avec les prêtres du diocèse de Rome, le 28 mars, il a expliqué : « Un bon prêtre se reconnaît à l'onction qui est répandue sur le peuple qui lui est confié ; c'est une preuve claire. Lorsque les personnes reçoivent une onction avec l'huile de la joie, cela se voit : par exemple quand elles sortent de la messe avec la tête de quelqu'un qui vient de recevoir une bonne nouvelle. C'est pour cela qu'il faut sortir, pour faire l'expérience de l'onction que nous avons reçue, de son pouvoir et de son efficacité rédemptrice : dans les « périphéries », là où l'on rencontre la souffrance, le sang versé, l'aveuglement qui désire voir, les prisonniers de tant de mauvais patrons ». Le pape François a précisé que « le prêtre qui sort peu de lui-même, qui répand peu l'onction – je ne dis pas « rien » parce que, grâce à Dieu, les gens nous volent l'onction – perd le meilleur de notre peuple, celui qui est capable de stimuler le lieu le plus profond de son cœur presbytéral. Celui qui ne sort pas de lui-même, au lieu d'être un médiateur, devient petit à petit un intermédiaire, un gestionnaire. Nous savons tous quelle est la différence : l'intermédiaire et le gestionnaire ont déjà « leur paye » et, comme ils ne mettent pas leur peau et leur cœur en jeu, ils ne reçoivent pas de remerciements affectueux, qui viennent du cœur. C'est précisément de là que vient l'insatisfaction de certains qui finissent par être tristes, des prêtres tristes qui se transforment en une sorte de collectionneurs d'antiquités, ou de nouveautés, au lieu d'être des pasteurs qui ont « l'odeur de leurs brebis ». « C'est cela que je vous demande », a souligné le pape, « soyez des pasteurs qui ont « l'odeur de leurs brebis », il faut qu'on la sente, parce qu'il est vrai que la fameuse crise d'identité sacerdotale nous menace tous et s'ajoute à une crise de civilisation ; pourtant, si nous savons briser cette vague, nous pourrons prendre le large au nom du Seigneur et lancer nos filets ». Ces paroles nous révèlent un pape qui est certainement bon et humble, mais aussi rigoureux et exigeant avec une parole claire et forte, comme le sont celles de Jésus rapportées dans l'Évangile.

Il y a aussi une question qui intrigue et qui fait s'interroger sur la manière dont les desseins du Seigneur se tissent avec la vie des hommes. Le cardinal Bergoglio, en effet, n'était pas loin d'être élu pape au Conclave de 2005. D'habitude, la marche du conclave et le nombre des voix obtenues ne sont pas des informations rendues publiques. Mais le journaliste Lucio Brunelli a publié dans la revue italienne *Limes*, Cindia, la sfida del secolo [5], n. 4/2005, pp. 291-300, republié dans la série *I Classici di Limes*, n.1, *Quando il papa pensa il mondo* [6] (31.08.2009) le journal secret de l'un des participants au conclave de 2005, un document long et bien construit (http://temi.repubblica.it/limes/cosi-eleggemmo-papa-ratzinger/5959). La question de savoir si ce journal est une source sure a été vivement débattue. Quoi qu'il en soit, la description des scrutins, leur évolution et les résultats des votes semblent raisonnablement dignes de foi.

Les votants étaient 115. D'après le journal transcrit par Brunelli, au premier scrutin qui s'est déroulé le lundi 18 avril 2005, à 18h, Joseph Ratzinger, doyen du Sacré Collège, a obtenu 47 voix et Jorge Mario Bergoglio, archevêque de Buenos Aires, 10 ;

---

[5] Cindia, le défi du siècle.
[6] Quand le pape pense au monde.

Carlo Maria Martini, archevêque émérite de Milan, en a eu 9 ; Camillo Ruini, alors vicaire apostolique de Sa Sainteté pour le diocèse de Rome, 6 ; Angelo Sodano, alors secrétaire d'État, 4 ; Óscar Rodríguez Maradiaga, archevêque de Tegucigalpa, Honduras, 3 ; Dionigi Tettamanzi, archevêque de Milan, 2. Au scrutin du mardi 19 avril, à 9h30, Ratzinger a obtenu 65 voix, Bergoglio 35, Sodano 4 et Tettamanzi 2. Martini et Ruini n'ont pas obtenu de voix. Il apparaissait clairement que les cardinaux électeurs avaient reporté leurs voix sur les deux premiers candidats. Au troisième scrutin, le mardi 19 avril, à 11 heures, Ratzinger obtint 72 voix, Bergoglio 40, Catrillón 1 et Tettamanzi aucune. À ce point, il ne manquait que 5 voix à Ratzinger pour devenir pape, mais Bergoglio, avec 40 voix, aurait pu bloquer le Conclave. Si ses électeurs avaient décidé de résister à outrance, il aurait été impossible à Ratzinger d'atteindre le quorum de 77 voix. Selon les informations de Brunelli, c'est à ce moment que Bergoglio a demandé à ses électeurs de renoncer pour éviter une scission dans le Collège cardinalice. C'est ainsi qu'au quatrième scrutin, le mardi 19 avril, à 16h30, Ratzinger obtint 84 voix, Bergoglio 26, Schönborn 1, Biffi 1 et Law 1. Et Benoît XVI fut élu.

Il n'y a pas d'informations sures sur la manière

dont se sont déroulées les scrutins au dernier conclave. D'après certaines sources, le cardinal Bergoglio aurait remporté plus de 35 voix dès le premier tour et deux autres candidats d'Amérique du sud, les cardinaux Maradiaga et Hummes auraient à eux deux comptabilisé plus de 15 voix. Puis, à chaque scrutin, le nombre de voix en faveur de Bergoglio a augmenté pour atteindre un résultat final de 99 voix sur 115 : un pape élu à la quasi-unanimité.

9

Le programme de la miséricorde

Ses gestes et ses paroles ont étonné, enthousiasmé et ému le monde. Puis, on a cherché à comprendre ce qu'il pense et ce qu'il a déjà dit, au cours de son expérience pastorale, sur les thèmes de la pauvreté, la corruption, le péché, le rôle de la femme, l'avortement, l'euthanasie, le mariage homosexuel, la théologie de la libération, le fondamentalisme religieux, la charité, le communisme, la mondialisation, la réforme de la Curie, l'argent, le dialogue interreligieux... Même s'il n'est pas un homme qui parle beaucoup, il faudrait écrire plusieurs livres pour rapporter tout ce que Jorge Mario Bergoglio a dit et écrit sur ces questions.

Dans ce chapitre, j'ai tenté de synthétiser et de donner un ordre d'importance à la pensée du pape François, cherchant à comprendre de quelle manière il a lu et assimilé le message évangélique et comment s'est forgée son identité de serviteur du Christ. Il est intéressant, dans cette optique, de partir de la devise épiscopale qu'il a choisie : celle qui apparaît sur les armoiries papales, adoptées par le Père Bergoglio après son ordination épiscopale est *Miserando atque eligendo*, expression tirée d'une homélie de Bède le Vénérable, un saint moine britannique, docteur de l'Église, que l'on pourrait traduire par « il le regarda avec miséricorde et le choisit ». Une référence explicite à la miséricorde du Seigneur. Un autre thème auquel le pape François fait allusion est le rapport qu'ont Jésus et les chrétiens avec la pauvreté et avec les pauvres. Il a surpris tout le monde, le 14 mars, lorsqu'il a révélé son rêve aux journalistes qu'il avait réunis dans la salle Paul VI : « Ah, comme je voudrais une Église pauvre et pour les pauvres ! ». Beaucoup ont applaudi. Quelques-uns se sont inquiétés. Même parmi les fidèles, certains ont eu peur que le pape François ait des aspirations proches de l'idéologie socialiste. En réalité, dans son livre intitulé *Sur la terre comme au ciel*, dans lequel il dialogue avec le rabbin Abraham Skorka, le Père Bergoglio a expliqué : « Dans le christianisme, l'attitude adoptée face à la pauvreté et aux pauvres est un engagement authentique. Et je rajoute même : cet engagement doit être un corps à corps. La médiation des institutions ne suffit pas ; (…) nous sommes obligés d'établir un contact avec la personne qui est dans le besoin ». Pour le Père Bergoglio, « il faut soigner le malade, même lorsqu'il nous inspire de la répulsion ». « Aller dans les prisons me fait horreur », raconte-t-il, « parce que ce qu'on y voit est très dur, mais j'y vais quand même, parce que le Seigneur désire que je sois au contact de la personne démunie, pauvre, souffrante ». Mais un comportement miséricordieux à l'égard du pauvre ne signifie pas l'acceptation passive de la pauvreté ; au contraire, l'ancien archevêque de Buenos Aires écrit aussi : « La première intervention nécessaire contre la pauvreté est de l'ordre de l'assistance », mais « l'aide ne doit pas s'arrêter là, il est nécessaire de bâtir des parcours de soutien et d'intégration dans la communauté ». Pour le pape François, la ligne juste est celle qu'indique don Bosco qui recueillait les enfants pauvres dans son patronage, puis qui créa des écoles professionnelles pour leur enseigner les métiers d'électricien, typographe, cuisinier, couturier. C'est aussi ce que font les prêtres qui travaillent dans les bidonvilles de Buenos Aires. Le Père Bergoglio l'a souligné : « Nous ne devons pas éprouver de répulsion à l'égard du pauvre, nous devons le regarder dans les yeux. Parfois, c'est difficile, mais nous devons assumer la responsabilité de ce que nous vivons ». « Le grand danger, ou la grande tentation », a-t-il précisé, « consiste à tomber dans le paternalisme protecteur qui, en dernière analyse, n'aide pas les pauvres à grandir. Le chrétien a le devoir d'insérer les plus démunis dans la communauté, comme il le peut, mais il doit l'intégrer d'une manière ou d'une autre ». Et il poursuit : « La charité chrétienne est l'amour envers Dieu et envers le prochain (...) mais l'amour exige toujours de sortir de soi, de se dépouiller de soi. La personne aimée me demande de me mettre à son service. (...) Il n'existe pas de charité sans amour et si le geste d'entraide accroit la vanité, il n'y pas d'amour, on fait semblant ».

Quant au rapport entre l'Église et les pauvres, le pape François aime raconter que lorsque l'empereur romain Valérien prétendait obtenir de Saint Laurent, qui était responsable des activités caritatives dans le diocèse de Rome, qu'il lui remette le trésor de l'Église, celui-ci se présenta à lui avec un groupe de pauvres et lui dit : « Voici le trésor de l'Église ». Dans la pensée du pape François, « voilà le paradigme auquel nous devons nous tenir, parce que chaque fois que nous nous en éloignons, nous renions notre essence. Les pauvres sont le trésor de l'Église et il faut les protéger ; si nous n'avons pas cette vision, nous construirons une Église médiocre, tiède, sans force. Notre véritable pouvoir doit être le service. Nous ne pouvons pas adorer Dieu si notre esprit n'accueille pas le pauvre ». Des paroles fortes et claires, en parfaite cohérence avec le message évangélique. Déjà lorsqu'il était archevêque de Buenos Aires, le Père Bergoglio a été accusé d'avoir une préférence pour les prêtres des bidonvilles ; il répondit aux critiques en expliquant que les saints Jean Bosco, don Giuseppe Cafasso et don Orione, qui travaillaient avec les humbles, avaient eux aussi suscité des soupçons parmi les évêques. C'étaient des personnages qui étaient à l'avant-garde dans le travail auprès des pauvres », a-t-il précisé « et d'une certaine manière, ils ont obligé les autorités à accepter des changements ». C'est pour cela que « les prêtres des bidonvilles ont eux aussi provoqué un changement de mentalité et de comportement dans les communautés ecclésiales ».

L'humilité est une des paroles fréquemment utilisées par le pape François et dont il témoigne. Dans un essai publié par la maison d'édition EMI et intitulé *Umiltà, la strada verso Dio* [7], Jorge Mario Bergoglio a écrit : « C'est le Christ qui nous permet d'accéder à notre frère si nous nous abaissons ». Pour le pape François, « cheminer sur la route du Seigneur implique pour nous d'assumer l'abaissement de la Croix. S'accuser, c'est assumer le rôle du coupable, comme l'a assumé le Seigneur en se chargeant de nos fautes », par conséquent « c'est le Christ lui-même qui nous permet d'accéder à notre frère à partir de notre abaissement ».

Le commentaire de l'archevêque de Buenos Aires s'inspire de certaines pensées de Dorothée de Gaza. Cet abbé, moine et ermite du VIe siècle écrivait en effet : « En vérité, rien n'est plus précieux que

---

[7] Humilité, la route qui mène à Dieu.

l'humilité, rien n'est plus important. Si quelque chose de mal arrive à celui qui est humble, il rentre immédiatement en lui-même et juge aussitôt qu'il l'a mérité. Et il ne se permet pas de faire de reproches ni d'accuser qui que ce soit. Il supporte simplement, sans se laisser troubler ni angoisser, dans la paix. L'humilité ne s'irrite pas et n'irrite personne. Le saint a bien parlé, avant toute chose, nous avons besoin d'humilité ». Le moine ajoute : « Crois que tout ce qui nous arrive, même les moindres détails, vient de la providence de Dieu et tu supporteras sans impatience tout ce qui adviendra. (...) Crois que le mépris et les offenses sont des remèdes à l'orgueil de ton âme et prie pour ceux qui te traitent mal, en les considérant comme de véritables médecins ».

Et encore : « Ne cherche pas à connaître le mal qui est dans ton prochain et n'alimente pas de soupçons à son sujet. Et si notre malice en fait naître, cherche à les transformer en pensées bienveillantes ».

Commentant l'essai de Bergoglio, Enzo Bianchi, prieur de la communauté monastique de Bose, écrit ceci : « La voie de la paix consiste à s'accuser soi-même, à se reconnaître toujours pécheur. Même devant des accusations injustes, celui qui est humble considère que cela a été l'occasion de lui rappeler une vérité : sa réalité de pécheur, qui a besoin de la miséricorde de Dieu et qui découvre toujours qu'il est responsable de ce qui est arrivé, qui découvre donc qu'il peut toujours donner une réponse conforme à l'Évangile ». Le prieur de la Communauté de Bose raconte que Abba Zossima, un des maîtres de Dorothée de Gaza, disait qu'il faut penser à celui qui fait du mal « comme à un médecin envoyé par le Christ », « un bienfaiteur », parce que « tout est un appel à la conversion, à rentrer en soi-même et à se découvrir solidaire avec les pécheurs ».

Après la pauvreté et l'humilité, le troisième mot utilisé par le pape François est la patience. Dans le livre-interview avec les journalistes argentins Sergio Rubin et Francesca Ambrogetti, le Père Bergoglio raconte qu'il a réfléchi à « la manière dont Jésus a adopté la patience », après avoir lu le livre de John Navone, *Teologia del fallimento* [8] édité par l'Université pontificale grégorienne. « Dans l'expérience et le dialogue avec nos limites », affirme le pape François, « notre patience se forge. Parfois la vie nous conduit, non pas à faire, mais à subir, en supportant nos limites et celles des autres » et pratiquer la patience signifie « accepter que ce soit le temps qui nous fasse mûrir », c'est-à-dire « laisser le temps modeler et unifier notre vie », ce qui signifie « permettre aux autres de faire leur vie ».

---

[8] Théologie de l'échec.

Dans son homélie du dimanche consacré à la divine miséricorde, le 7 avril dernier, le pape a dit ceci : « Le style de Dieu ne consiste pas à être impatient, comme nous qui voulons souvent tout et tout de suite, même avec les personnes. Dieu est patient avec nous parce qu'il nous aime, et celui qui aime comprend, espère, fait confiance, n'abandonne pas, ne coupe pas les ponts, sait pardonner. Souvenons-nous en dans notre vie de chrétiens : Dieu nous attend toujours, même lorsque nous nous sommes éloignés ! Il n'est jamais loin, et si nous revenons à lui, il est prêt à nous serrer dans ses bras.

Se référant à la parabole du « fils prodigue », le pape a rappelé que même si le fils avait dilapidé tout son patrimoine, « avec patience et amour, avec espérance et miséricorde », le Père n'a pas cessé un instant de penser à lui et dès qu'il l'a vu de loin, il a couru à sa rencontre et l'a embrassé tendrement, avec « la tendresse de Dieu », sans un mot de reproche : il est revenu ! « Et c'est cela, la joie du père ». « Dieu nous attend toujours, il ne se lasse pas. Jésus nous montre cette patience miséricordieuse de Dieu pour que nous retrouvions la confiance et l'espérance, toujours ! ». Le grand théologien allemand Romano Guardini disait que « Dieu répond à notre faiblesse par sa patience et c'est cela le motif de notre confiance, de notre espérance » (cf. *Glaubenserkenntnis*, Würtzburg 1949, p. 28). « C'est comme un dialogue entre notre faiblesse et la patience de Dieu, c'est un dialogue qui nous donne de l'espérance, si nous l'acceptons ». Le pape François a conclu en soulignant : « La patience de Dieu doit trouver en nous le courage de revenir à lui, quelles que soient nos erreurs, quel que soit notre péché dans notre vie ».

Pauvreté, humilité, patience et confiance dans la miséricorde de Dieu sont des caractéristiques de la formation jésuite. La Compagnie de Jésus est un ordre religieux légendaire et tourmenté. Cinquante saints et cent cinquante bienheureux ; des martyrs et des missionnaires de premier ordre, de la forêt amazonienne à la Chine, l'Inde et le Japon. Géniaux dans leur capacité à conjuguer l'excellence de l'éducation avec les cultures locales et le témoignage de foi. Saint François-Xavier, un des fondateurs de l'Ordre, écrivait d'Inde où il suscitait des conversions par milliers : « Souvent je ne parviens pas à utiliser mes mains, à cause de la fatigue que me procurent les baptêmes de nouvelles âmes ». Vers la fin du seizième siècle, un voyageur de passage à Rome disait : « Les jésuites sont tellement impatients de verser leur sang pour le Christ qu'ils font de leur aspiration le thème constant de leur prédication ». Leur grandeur a suscité admiration, mais aussi envies et soupçons. C'est pour cette raison qu'ils furent bannis de plusieurs pays entre 1759 et 1814 et aujourd'hui encore leur supérieur général est appelé « le pape noir ». Personne n'aurait jamais imaginé que l'unique jésuite présent au Conclave deviendrait pape. Un pape nommé François qui, comme un cyclone, renouvelle l'Église.

Introduction	5
Un jésuite nommé François	9
Pourquoi le choix du nom de François ?	15
Un cyclone de bonté	25
Comme dans l'Évangile	33
Un pape qui va chercher les derniers	47
Les « préféré » de l'homme Bergoglio	55
La renonciation	65
Avant et après le Conclave	75
Le programme de la miséricorde	89

ZENIT Books est une initiative qui a pour objectif d'augmenter les possibilités d'être informé offertes par ZENIT.

Outre notre service par courriel et notre présence sur la toile (zenit.org) ainsi que sur les réseaux sociaux, en 7 langues, nous sommes conscients de la valeur inestimable des données contenues dans nos archives. Elles ont été recueillies et emmagasinées depuis les premiers pas de ZENIT dans le monde numérique.

C'est pourquoi nous pensons pouvoir rendre un service important en analysant, en sélectionnant et en rassemblant pour nos lecteurs les informations les plus intéressantes.

À travers ZENIT Books, vous pourrez aussi découvrir de nouvelles œuvres d'auteurs connus ou débutants. Notre projet est ambitieux et difficile. Mais nous sommes convaincus de la nécessité d'approfondir des thèmes abordés sous l'angle du journalisme et qui méritent souvent une attention particulière.

ZENIT Books représente pour notre agence une source alternative de soutien. En achetant un livre produit par ZENIT, c'est toute la structure de l'agence d'information internationale et indépendante que vous soutenez : une agence sans but lucratif, formée d'une équipe de professionnels et de bénévoles.

La couverture gratuite de nos services d'information est surtout orientée vers les activités du pape et ses interventions : voyages apostoliques, documents, rencontres avec les chefs d'État et les personnalités importantes dans le domaine social, culturel ou religieux.

Vous pouvez vous abonner gratuitement au service quotidien d'information de ZENIT sur le monde et l'Église en vous inscrivant sur http://accounts.zenit.org.

Pour être informés sur les autres initiatives éditoriales et sur les nouvelles publications, vous pouvez écrire à bookinfo@zenit.org.

www.ingramcontent.com/pod-product-compliance
Lightning Source LLC
LaVergne TN
LVHW021408080426
835508LV00020B/2504